novum pro

MARKUS PRANTE

ZWEIFELSFREI GUT
DER WEG

Wie ich mich und meine
Mitmenschen besser erkenne,
motiviere und Spaß am Leben habe

novum pro

www.novumverlag.com

Bibliografische Information der Deutschen Nationalbibliothek:

Die Deutsche Nationalbibliothek verzeichnet diese Publikation in der Deutschen Nationalbibliografie. Detaillierte bibliografische Daten sind im Internet über http://www.d-nb.de abrufbar.

Alle Rechte der Verbreitung, auch durch Film, Funk und Fernsehen, fotomechanische Wiedergabe, Tonträger, elektronische Datenträger und auszugsweisen Nachdruck, sind vorbehalten

Gedruckt in der Europäischen Union auf umweltfreundlichem, chlor- und säurefrei gebleichtem Papier.

© 2022 novum Verlag

ISBN 978-3-99131-284-0
Lektorat: Susanne Schilp
Umschlagfotos: Makasanaphoto, Alexxxoma | Dreamstime.com
Umschlaggestaltung, Layout & Satz: novum Verlag
Autorenfoto: Markus Prante

www.novumverlag.com

Das Vorwort

Lieber Mensch,

der Du mich gerade gekauft hast, oder wurde ich Dir gerade geschenkt?

Egal: Einleitend zu mir, Deinem neuen Buch, ist mir wichtig, dass Du Folgendes über mich weißt.

1. Ich bin erdacht und im Wesentlichen geschrieben vor dieser komischen Corona-Pandemie.
2. Vor dieser kannte ich nur Corona-Bier – mit Limette ein Traum!
3. Ich – und dafür kann wirklich nichts – bin an vielen Stellen mit Ecken und Kanten sowie darüber hinaus auch noch mit dem einen oder anderen Augenzwinkern geschrieben.

Na ja. Manchmal ist es halt so, wie es ist und wir zwei müssen da jetzt irgendwie durch. Mir ist jedoch wichtig, dass Du mich zuweilen nicht zu ernst nimmst, sondern Dir lieber vornimmst, über mich und vielleicht ja auch Dich zu schmunzeln.

So und nun blättere gern die erste Seite um. Ich wünsche Dir einen großartigen Start in eine, in Deine neue Erlebniswelt.

Herzlich

Dein Buch

Der Start

Dieses Buch ist nur und ausschließlich für Dich geschrieben. Ja, für Dich. Nein, nicht für den, der Dir jetzt vielleicht gerade gegenübersitzt. Nein, auch nicht für den Menschen, der genau jetzt an Dich denkt. Dieses Buch ist für D i c h .

Ich habe genau einen Wunsch. Ich will Dich mit genau jeder geschriebenen Zeile erreichen. Sei also gern mit mir, Deinem Buch, mal wütend. Du darfst auch herzlich lachen über mich, mich blöd, gut oder schräg finden.

Ich möchte Dich mit neuen Gedanken überraschen. Mitnehmen auf eine Reise, um zu erfahren, wie Du Deine Mitmenschen, Dein Gegenüber, Deine Familie, Deinen besten Freund, Deine beste Freundin, Deinen Partner, Deine Partnerin, also alle Menschen auf dieser Erde, schon mit dem Lesen und Verstehen der nächsten Zeilen besser erreichst. In unserem festgesetzten und festgefahrenen Wortschatz nennt man das Kommunikation, manche werden es auch Vertrieb oder Dienstleistung nennen.

So und nun drück mich ganz fest an Dein Herz. – Machen! – Wenn Du jetzt so mutig warst, mich zu drücken, so an Dein Herz, mit Liebe, dann bist Du echt ein klasse Mensch. Danke! Wenn Du zu den anderen gehörst: JETZT MICH AN DEINE BRUST DRÜCKEN! Ich hab Dich nämlich, ja, genau Dich, lieb.

Und bitte sei so nett und tue noch etwas für mich: Wenn Du Deine Liebste oder Deinen Liebsten siehst, bitte drücken und von mir grüßen. Ich will mich bereits an dieser Stelle dafür bedanken, auch in ihr/sein Leben eintreten zu dürfen, denn Du wirst über mich sprechen. Nee?! Doch! Ich bin mir sicher. Du wirst über mich sprechen.

Als Allererstes klären wir mal den größten Irrtum miteinander. Ich bin Dein Buch, nicht Dein Vater, Lehrer, Coach, Vertriebler, Dienstleister, Produktionsleiter, Vorstand oder so ähnlich. Ich bin D e i n Buch. Und Du, Du bist der oder die Vertriebler/in & Dienstleister/in! Guck doch nicht so. Ja, Du b i s t ein/e Vertriebler/in & Dienstleister/in. Mir ist dabei völlig egal, wo Du arbeitest und was Du machst. Du bist in meinen Augen ein/e Vertriebler/in & Dienstleister/in, selbst wenn Du scheinbar „nur" Vorstand, Vorständin, Monteur/in, IT-Spezialist/in, Hausmann oder Hausfrau bist.

So und jetzt erklärst Du mir, dass Du über diese These nicht mit dem Dir am nächsten stehenden Menschen sprichst oder gerade mit Dir selbst: „Ich bin doch kein/e Vertriebler/in & Dienstleister/in!" War ich Dir eben noch sympathisch? Bin ich es jetzt vielleicht schon nicht mehr? Aber Du wirst sehen: Nachdem Du mich gelesen hast, bist Du besser. Ja, viel besser, weil Du Deinen Mitmenschen vielseitiger, vielschichtiger, viel tiefgründiger erscheinst. Ich weiß nämlich, dass Du das bist. Dass Deinen Mitmenschen das noch nicht so aufgefallen ist, liegt zum einen daran, dass mich viele Menschen noch nicht gelesen haben und zum anderen, dass Du gerade erst damit anfängst, das zu tun.

Ich hab Dich lieb. Ich finde Dich gut und zwar so, wie Du bist. Und ich möchte noch einmal gedrückt werden. Ja, genau da. Ja, an Dein Herz. Das fühlt sich großartig an. Danke!

Also starten wir zwei jetzt mal in Deine neue Welt als der bzw. die beste Vertriebler/in & Dienstleiter/in – nö, als der coolste Mensch auf Erden, mit genau Deinen Anlagen, Talenten, Fähigkeiten und Unfähigkeiten, die Dir Mutter Natur mit auf den Weg gegeben hat.

Menschliche bzw. Vertriebs-/Dienstleistungsexzellenz

Warum ist der Start so wichtig? Ja, nö, ist klar. Dir ist noch ist nichts aufgefallen? Dooooch!

1. Ja, genau. Wir beiden sind eben gerade zum Team geworden. Du und ich.
2. Ich hab keine Ahnung, wer Du bist, was Du tust und was Du verdienst, aber ich weiß, dass Du ein guter Mensch bist. Vielleicht hast Du das noch nicht allen immer so gezeigt oder zeigen können. Aber daran arbeiten wir beide ja gerade.

Also zusammengefasst funktioniert Vertrieb & Dienstleistung bzw. alles Menschliche über einen tollen Start. Mir war es noch nie vergönnt, Arm und Reich, freundliche oder unfreundliche Menschen an der Nasenspitze zu erkennen. Denn der erste Eindruck kann, wie ich in den folgenden Kapiteln klären werde, täuschen. Es lohnt also, ggf. über die Oberfläche des Menschen – Kleidung, Mimik, Gestik – hinwegzusehen und den Menschen freundlich und wertschätzend aufzunehmen und zu begegnen. Zuallererst mit Blicken, dann mit Mimik und Stimme. Das gilt auch für Telefonate, denn diese funktionieren genauso. Das glaubst Du nicht? Ist aber so: Denn die Energie des Körpers und der inneren Einstellung überträgt sich ausnahmslos auf die Stimme und damit auf den Verlauf des Gespräches sowie auf alles Weitere.

Test: Egal, wem Du als Nächstes begegnest, schau dem Menschen freundlich, unaufdringlich, mit einem leichten, wertschätzenden Lächeln kurz in die Augen. Egal, ob Obdachloser, hübscher, hässlicher, trauriger, gestresster, armer oder reicher Mensch. Der Mensch wird dankbar dafür sein und es zeigen. Ach so, wenn

Du ein Vorstand oder eine Führungskraft bist und das bereits an dieser Stelle schaffst, gewinnst Du auch Deine Mitarbeiter und Kunden für Dich. Da bin ich mir sicher.

Also, machen: Jetzt!
Keiner in der Nähe. Dann anziehen, raus und unter Menschen gehen. Machen!
Gemacht? Ziel erreicht?
Großartig! – Wie hast Du Dich bei dem „Dankesblick" – gefühlt? Gut! Ja, sicher. Das tut gut. Danke für das Ausprobieren und Machen! Ja, Du bist gut. Ich wusste es doch. Ach so und: Ich hab Dich lieb.

Nun hast Du bereits mehr drauf als 90 % der Menschen. Du kannst Menschen unabhängig von Hautfarbe, Herkunft, Alter und Konfession freundlich begegnen und vor allem, Du machst es spätestens ab jetzt auch. Ach so: Und Du meisterst dieses Kunststück nun natürlich ebenfalls, wenn Dir ein Fremder oder Bekannter erst einmal ungeschickt oder unfreundlich gegenübertritt bzw. gegenüberzutreten scheint. Dein erster Auftritt bleibt freundlich. Denn der erste Auftritt ist der Schlüssel zu so vielem und es lohnt sich, in diesen zu investieren. Es ist eine Investition in Dich, Dein Glück und Deinen Erfolg.

Nun bist Du bereits zwei Schritte gegangen und wirst das erlangte Können, das verspreche ich Dir, durch nichts mehr verlieren. Du bist besser geworden und wirst schon bald den Erfolg spüren. So – um Dich noch besser zu machen, bleibt uns nichts anderes übrig –, jetzt steigen wir ein in die Tiefe der Materie.

Nein, das ist alles andere als langweilig. Ich verspreche Dir, es bleibt spannend, wird spannender, überraschender und gigantisch. Wir marschieren nun direkt in Dein inneres Ich und brechen mit Konventionen. Das wird zuweilen Spaß machen, zuweilen aber auch weh tun. Auf jeden Fall wird es „leider geil". Also ab dafür zur nächsten Seite.

Warum bist Du, wie jeder andere Mensch auch, aus meiner Sicht ein/e Vertriebler/in bzw. Dienstleister/in?

Jetzt brechen wir mit Konventionen. Ja! Du wirst spätestens mit und nach diesem Kapitel wahnsinnigen Gesprächsstoff für Unterhaltungen mit Freunden, Deiner Partnerin, Deinem Partner, Kolleginnen und Kollegen einfach allen Menschen haben. Und ich sage Dir: Du wirst anecken. Ist das nicht schön?!

Nein, ich bin kein Buch, das Dich stromlinienförmig machen will. Nein, ich möchte, dass Du Du selbst bist: authentisch, glaubwürdig und liebenswürdig.

Mir ist Statusdenken fremd. Sollte das bei Dir anders sein, weil Dir das von Deiner Umwelt so beigebracht wurde, ist jetzt der richtige Zeitpunkt, mit diesem Denken zu brechen.

Warum lohnt es, mit dem Statusdenken zu brechen? Klar: Weil alle Manschen gleich wertvoll für diese Welt sind.

Nö? – Doch: Erinnerst Du Dich noch an die erste, nein, zweite Übung? Du lächeltest wertschätzend den nächsten Menschen, den Du sahst, an. Und: Ja, Du hast einen dankbaren Blick zurück erhalten und das fühlte sich gut an. Der Mensch hatte Dir ein wertvolles Gefühl geschenkt, so wie Du ihm auch.

Lass mich Dich nun mit folgenden Zeilen in Deine eigene Gedankenwelt entführen:
Jeder Mensch ist wertvoll und das gilt es verdammt noch einmal zu verstehen. Du für Dich selbst und aber eben auch für alle anderen.

Wie dreckig wäre die Welt, wenn es keine Müllarbeiter gäbe?
Wie langweilig wäre ein Stadtbild ohne kreative Architekten?
Wie still wäre die Welt ohne Musik?
Wie einsam wäre die Welt ohne Liebende?
Wie trist wäre die Welt, wenn wir alle die gleichen Klamotten trügen, die gleichen Autos führen, die gleiche Tätigkeit ausübten und die gleiche Frisur hätten?
Für jeden Menschen ist es wichtig zu begreifen, wie wertvoll er selbst für dieses Leben ist.
Für jeden ist es darüber hinaus jedoch genauso elementar zu erahnen, wie wertvoll alle anderen Lebewesen und Pflanzen, für dieses Leben und diese Welt sind.

Wer nicht verstehen mag, wie wichtig es ist zu begreifen, dass alle Menschen für diese Leben gleich wertvoll sind, insbesondere man selbst, aber ausdrücklich auch der Mensch gegenüber, der schaue auf gute wie schlechte Beispiele bei scheinbar Armen und scheinbar Reichen.

So kann ein monetär reicher Mensch emotional und sozial sehr arm sein, da er seine Wertschätzung sich selbst, meist aber auch seinen Mitmenschen gegenüber verloren hat. Dieser Mensch kann keinem mehr irgendetwas verkaufen. Nicht einmal Liebe und Glück wird er sich für sein Geld kaufen können, auch wenn dies äußerlich zuweilen den Anschein hinterlässt. Sprichst Du aber einmal ernsthaft mit diesem an Geld und Vermögen reichen Menschen, wirst Du bemerken, menschlich ist er verarmt und hat das Genießen, Lieben und echte Vergnügen/Amüsement verlernt.

Ein scheinbar armer Mensch kann hingegen unschätzbaren Wert in sich tragen und sich auch darüber bewusst sein. Zum Beispiel indem er für seine Familie da ist, sie liebt und wahrnimmt, für sie und auch seine übrige Umwelt präsent ist: Er sieht zum Beispiel, dass ein kranker Mensch Hilfe beim Überqueren der Straße benötigt und lässt ihm diese zukommen.

Der Dank und das damit verbundene Glücksgefühl sind ihm gewiss. Sein und der Tag des Hilfsbedürftigen haben gewonnen. Ganz ohne Geld.

Natürlich sind diese beiden Beispiele – auch die Clusterung nach „Arm" und „Reich" – politisch nicht korrekt und zeigen nicht das ganze Bild, nämlich, dass es auch offensichtlich vermögende Menschen gibt, die reich an Menschlichkeit sind, sowie arme Menschen, die menschlich verarmt durch das Leben wandeln.

Mir ist jedoch wichtig, mit Dir an dieser Stelle bewusst den Fokus zu erweitern, um damit das nächste Mal vom Naheliegenden besser absehen zu können. Und ja, mir ist bewusst, dass Du das auch heute schon machst. Aber machst Du das immer so bewusst? Und weil wir beide die Antwort kennen, geht es mit folgender Geschichte weiter.

Exkurs: Die Fehleinschätzung

Ein etwa 60- bis 65-jähriger Mann betrat eine Bankfiliale in der Ante-Corona-Zeit. Er sah ein wenig heruntergekommen aus in seinem Breitkordanzug, der schon irgendwie vor fünf Jahren die Form verloren zu haben schien. Es war eine große Bankfiliale. Der Mann näherte sich den Plätzen, an denen Bankberaterinnen und -Berater ihren Job taten. Alle waren gut gekleidet. Sollten sie den Mann gesehen haben, so ließen sie sich das nicht anmerken. Der Mann irrte mit einem gelblichen Zettel, der wie eine Überweisung aussah, durch die Gänge. Nachdem seine Schleife, die er ging, ihr Ende gefunden hatte, er sich dem normalen Bankschalter und der Kasse näherte, schien sich weiterhin keiner der dort arbeitenden Mitarbeiter/innen um diesen Mann, wohl einem Kunden, den keiner kannte, kümmern zu wollen.

Der Mann fasste sich an sein Herz und sprach eine auf den Boden starrende Mitarbeiterin an: „Können Sie mir helfen?" Sie schaukelte mit dem Kopf, als wolle sie sagen: „Warum sprechen Sie mich denn an? Warum bloß mich? Selbst wenn ich Ihnen helfen kann, es bleibt die Frage, ob ich das wirklich will, sie alter, verlotterter, armer Mann." Der Mann jedoch sprach weiter, ohne ihre wahrscheinlich unfreundliche Antwort abzuwarten und sagte: „Bitte können Sie mir die Überweisung abnehmen, schauen, ob ich alles richtig ausgefüllt, genügend Geld auf meinem Konto habe und sie im Anschluss auf den Weg bringen?" In der Zwischenzeit hatte sich ein Mitarbeiter von den Beraterplätzen aus das Trauerspiel lang genug angesehen und übernahm, nach eineinhalb Sätzen, die die überforderte Service-Mitarbeiterin noch von sich geben konnte und die wie folgt lauteten: „Mein Herr, für Überweisungen haben wir da hinten eine Tonne, dort können Sie diese hineinwerfen wie in einen Briefkasten. Daneben ist ein Stehpult, auf dem Sie Beispiele sehen, wie Überweisungen auszufüllen sind ...", und er konnte so ein für die Bankfiliale peinliches Erlebnis verhindern und damit sicherstellen, dass dieser Mann Kunde der Bank blieb.

Der Mann, wenn man es ihm auch nicht ansah, war ein sehr reicher Maler, Bildhauer und Namensgeber einer Straße im Ort. Natürlich war genug Geld auf dem Konto. Und natürlich war die Überweisung falsch ausgefüllt sowie nicht unterschrieben. Der Berater übernahm all die notwendigen Arbeiten, ließ den älteren Mann unterzeichnen und stellte im Anschluss sicher, dass das viele Geld vom Girokonto eine sinnvolle Anlage auf einem sogenannten Tagesgeldkonto fand.

Kannte er den Mann? Nein! Wusste er, bevor er sich des Mannes und seines Wunsches annahm, dass dieser vermögend war? Nein! War es dennoch wichtig und richtig, auf den Mann zuzugehen und ihm zu helfen? Ja! Und wenn Du mich, Dein Buch, fragst: Ich würde mir wünschen, wenn diese wahre Geschichte auch einer wirklich armen Frau oder einem armen Mann widerfahren wäre.

Ich bin mir sicher, dass auch Du, meine liebe Leserin oder mein lieber Leser, bereits in der Vergangenheit die Möglichkeiten hattest, zu helfen und zu unterstützen, also „Dienst" an einem in einer bestimmten Situation bedürftigen Menschen „zu leisten". Und ich kann Dich nur bestärken, weiterhin diese Möglichkeiten, die Dir das Leben liefert, zu nutzen, Zeit und Mühe zu investieren, um ein wenig Glück auch an jemanden Fremden zu spenden, den Du – noch – nicht kennst. Ich bin mir sicher, Du wirst dafür belohnt werden. Nein, es ist korrekt. Du wirst meist nicht umgehend belohnt, aber auf Deinem Weg durch das Leben, da kannst Du Dir sich sicher sein, kommen Dir der Dank und die Glücksmomente zu, der Dir gebühren.

Zurück zum Anfang dieses Kapitels: Ich, Dein Buch, kann weder arme noch reiche, gute oder schlechte Mensch an der Nasenspitze erkennen. Mein Tipp: Schau doch in Zukunft und auch im Laufe dieses Buches immer mal wieder hinter die Zeilen, den ersten Eindruck eines Menschen, dem Du neu begegnest – und bleib überrascht, gern auch zuweilen von Dir selbst.

Mir ist wichtig, dass Du anderen Menschen, aber auch Dir selbst in Zukunft vorurteilsfreier gegenübertrittst und Dir die Freiheit lässt, Situation und/oder Menschen neu und ggf. anders zu bewerten, als das Du das in der Vergangenheit vielleicht das eine oder andere Mal zu schnell getan hast.

Wenn die vorstehenden Zeilen Deinem Gedankengut entsprechen, freue ich mich für Dich und mit Dir. Wenn Du anderer Meinung bist und bleiben möchtest, auch nach Gesprächen mit Deinem Dir Nächsten, lege mich getrost zur Seite. Ich habe Dir in dem Fall leider nichts mehr zu sagen, zu erzählen, geschweige denn beizubringen.

Für alle anderen, ja, also auch für Dich, die oder der Du mich weiter in der Hand hältst und liest: Wir widmen uns jetzt einem, nein, Deinem Feuerwerk an Gefühlen, das ich hier und jetzt mit Dir gemeinsam entfache.

Warum in Gottes Namen, wenn wir Menschen doch alle gleich wertvoll für diese eine Welt sind, hast Du den Obdachlosen an der Ecke zuletzt so abwertend betrachtet?

Warum verdammt, warst Du so aufgeregt, als Du in den vorangegangenen Tagen mit Deinem Chef oder einem großen Kunden gesprochen hattest?

Warum hast Du Deine/n Partner/in so abwertend behandelt, als er/sie Dich nicht verstehen wollte oder konnte?

Warum hast Du die traurige Stimmung eines/r Kollegen/in einfach ignoriert und missachtet?

Warum hast Du, verdammt, nur hinter dem Rücken von jemandem Dein Missfallen über einen Charakterzug geäußert? War es der Mensch nicht wert, mit ihm oder ihr selbst als Erstes darüber zu sprechen? Im Anschluss hättest Du ja tun können, was Du magst. Aber der Mensch hätte Deine Meinung zumindest gekannt und bereits im Gespräch auf Deine Einschätzung reagieren können. Ach ja: Und warum warst Du das letzte Mal so motzig, ungehalten bzw. zickig? War der Mensch es Dir nicht wert, mit ihm oder ihr wertschätzend umzugehen? Blöd, oder? Passiert? Sicher! Ja! Ob bewusst oder unbewusst, das spielt in unserem, also Deinem und meinem Leben leider keine Rolle. Es sollte nun, nachdem wir darüber gesprochen haben, immer weniger vorkommen. Darüber hinaus gibt es ein Wort, das Dir und dem betroffenen Menschen helfen kann. Es kommt heute leider nur noch recht selten zum Einsatz, aber es passt an dieser Stelle immer und kann helfen, fast jede seelische Wunde zu heilen. Das großartige Wort, von dem ich spreche, heißt: „Entschuldigung!" Ja! Nee? Das Wort, ernst gemeint, beweist keine Schwäche, wie landläufig unterstellt wird. Dieses Wort „Entschuldigung" – ausgesprochen und auch so gemeint – offenbart wahre Größe. – Glaube mir. Das es ist echt g r o ß .

Der Nutzen für Dich ist unübersehbar, wenn Du verstanden und auch immer mehr in Deinem Gedankengut verankert hast, dass alle Menschen gleich wertvoll sind. Egal, wo auch immer Du Dich befindest, man wird Dir gegenüber offener, meist sogar auch freundlicher sein. Wichtig bleibt dabei für Dich, den anderen Menschen ernst zu nehmen und wertzuschätzen. Also schau mal und check mal in den nächsten Tagen und Wochen ab:
a) Ist Dein/e Vorgesetzte/r Dir jetzt wohlgesinnter und offener gegenüber, weil Du sie, bzw. ihn als die wertschätzt, der sie oder er ist: Ein Mensch?
b) Ist der Kellner/die Kellnerin Dir jetzt gegenüber – zumindest auf den zweiten Blick – freundlicher und bereiter, eine gute Dienstleistung zu erbringen oder Sonderwünsche zu erfüllen?
c) Behandelt Dich Dein Kunde, Auftraggeber, Gast oder Mandant plötzlich – zumindest nach dem ersten Wortwechsel – besser als vorher? Hat sich vielleicht sogar Deine Verhandlungsposition ein wenig verbessert?

Aber Achtung! Wenn Du den Menschen Menschlichkeit, Zugewandtheit, Wertschätzung lediglich vorgaukelst, merken diese das schnell. Ich kann Dir nicht vorhersagen, woher und wann eine sprichwörtliche Klatsche kommt. – Aber sie kommt. Und meist kommt sie dann recht brachial!

Folgst Du jedoch ehrlich diesen Wertvorstellungen, wirst Du in allen Belangen des Lebens erfolgreicher sein. Deine Umgebung und Du Dir selbst werden es Dir danken. Die Formel dazu lautet: Authentizität. Diese wurde nun verbunden mit Menschlichkeit und Glaubwürdigkeit.

Ach: Ich hab Dich lieb. Und los! Drücken!

Nun ja, zurück zu uns: Eigentlich war die Überschrift „Warum bist Du, wie jeder andere Mensch auch, aus meiner Sicht ein/e Vertriebler/in bzw. Dienstleister/in?" eine andere, als sie zu den vorgenannten Zeilen wirklich passen würde. Aber glaube mir, ich werde das Thema mit Dir zusammen im Blick behalten … Lass uns nun jedoch erst einmal der nächsten widmen …

Brücken bauen

Ich finde sie toll, diese Gliederung der Berufszweige in unseren Köpfen und im Vokabular, wie z. B. Handwerker, Büroangestellter, Dienstleister, Vertriebler, Musiker. Auch Hierarchieebenen machen mich ganz wahnsinnig vor Glück, wenn ich bedenke, wie diese in der heutigen Zeit immer noch gelebt werden. Ganz häufig bewerten und bewegen wir uns in diesen Rollen bzw. Überschriften sowohl im Beruflichen als auch im Privaten und begehen dadurch m. E. wirklich grobe Fehler.

Und schon hast Du die Einleitung für den nächsten Bruch mit teilweise immer noch vorherrschenden Konventionen gelesen. Mein Ziel ist es, mit Dir auch diesen Bruch zu nutzen, um den Blickwinkel zum Erkennen von sowie dem Umgehen mit Menschen und Dir selbst zu erweitern.

Und nun geht es ab!

Hast Du schon einmal darüber nachgedacht, dass der Monteur vom Fließband, sich mal in der Firma, in der er arbeitet, beworben und vorgestellt hat? In genau dieser Sekunde war er Vertriebler. Er hat sein Können und seine Person so gut verkauft, dass er heute angestellt ist.

Hast Du schon mal darüber nachgedacht, dass er von dem Produkt, das er mit erstellt, bei Freunden oder auf einer Party so geschwärmt haben könnte, dass einer der angesprochenen Menschen das Produkt gekauft hat? War er da ein Verkäufer?

Kannst Du Dir zudem vorstellen, dass dieser Mensch einen ihm nahestehenden Menschen mal etwas zu trinken, z. B. einen Saft oder einen Tee, angeboten und anschließend das Getränk dann auch kredenzt hat? War er dann Dienstleiter, so etwas wie ein Kellner? – Erkennst Du Facetten von Dir selbst?

Kannst Du Dir vorstellen, dass dieser eben genannte Mensch an anderer Stelle Verantwortung für z. B. eine Familie, ein Tier, einen Verein o. s. ä. übernommen hat? Ist er an der Stelle, in der Sekunde, Vorstand oder Manager?

Kannst Du Dir vorstellen, dass ein Autoverkäufer mit Freunden gemeinsam fast jedes Gewerk seines Hauses mit gebaut hat? War er da Handwerker?

Was bist Du so alles?

Tja, nun – die Antwort fällt nach dem Gelesenen plötzlich ganz leicht, oder? Oder so gar nicht mehr?

Aber ich wäre nicht D e i n Buch, wenn ich nicht in der Lage wäre, auch mal Schwerpunkte zu setzen. Dieses Kapitel ist so einer. Also möchte ich Dich bitten, mit mir auch diesen Weg zu gehen, zu der Erkenntnis, dass wir alle als Allererstes Dienstleister/innen und Verkäufer/innen sind. „Bitte was?", sagst Du Dir jetzt gerade. Tja, korrekt. Und da komme ich wieder ins Spiel:

Was ist ein Finanzvorstand? Klar, er ist Handwerker! „Wie bitte?", fragst Du sich jetzt. Ja, sein Werkzeug ist sein Kopf. Was er zusammensetzt, sind nicht Steine, sondern Zahlen. Und ich gehe sogar noch weiter: Er ist damit aber auch Dienstleister. Er liefert die Zahlen so, dass das Unternehmen von der Finanzseite her gesteuert werden kann. Er arbeitet die Zahlen so auf, dass sie Management, Eigentümern, Banken, Lieferanten, aber auch Abteilungsleitern dazu dienen, steuern, verstehen und immer wirtschaftlich im Sinne des Unternehmenserfolges dienen bzw. agieren zu können. Er verkauft also in gewissem Sinne die, durch das wirtschaftliche Wirken aller, entstandenen Zahlen intern und extern mit dem Ziel, dass der Erfolg von allen gleich und möglichst gut beurteilt werden kann. – Ein echter Verkäufer also und ein waschechter Dienstleister für alle Mitarbeiter seines Unternehmens, denn er lässt sie im bestmöglichen Licht erscheinen. Darüber hinaus kann er dank seiner speziellen Kenntnis um die „Zahlenwelten" an bestimmten Stellen konstruktiv auf Chancen und Risiken aufmerksam machen, um allen eine ggf. noch bessere Zukunft und einen höheren Verdienst zu ermöglichen.

Ein CEO, also ein Vorstandsvorsitzender oder Geschäftsführer, ist, mit meinen Augen gesehen, neben seinen Eigenschaften als Stratege und Entscheider ein, nein, der erste Verkäufer und Dienstleister seines Unternehmens. Lass es in diesem Beispiel einfach einen Bauunternehmer sein. Er ist der, der als Erstes dafür verantwortlich ist, dass die besonderen Leistungen und Fähigkeiten gut nach außen und innen dargestellt und weiterentwickelt werden. Damit leistet er einen unermesslichen Dienst für alle, die dort arbeiten, den Vertrieb und die Erstellung der Bauleistungen sicherstellen. Er ist damit der erste Verkäufer. Oder ist doch der Maurer in seinem Unternehmen der erste Verkäufer und Dienstleister, wenn er unter Freunden und Bekannten von seinem Unternehmen gut spricht und von seiner wertvollen Arbeit, die ihm Spaß macht? Wo er vielleicht gerade einen Auftraggeber auf der Baustelle beim Maurern getroffen hat und diesem erläutern konnte, wie gut der genutzte Stein zur Isolierung seines Hauses beitragen wird, wie gut er selbst seinen Dienst macht und die Steine verarbeitet. Er hat dem Kunden der Firma und all ihren Mitarbeitern mit seinem Verhalten einen unermesslichen Dienst erwiesen. Seine und die Leistung des Bauunternehmens hat er außerordentlich gut verkauft, denn der Bauherr wird Freunden, die auch bauen wollen, von seinem Erlebnis erzählen. Die Antwort auf die Frage, welche Firma sie mit Maurerarbeiten beauftragen werden, ist naheliegend.

So, nun hast Du es fast geschafft. Zwei kleinere Beispiele warten aber noch auf Dich. Mir ist dabei wichtig, dass Du immer flexibler in Deiner Gedankenwelt wirst. Also folge mir zu den nächsten Zeilen. Mein bestes Beispiel zum Thema „Handwerker/in", „Dienstleister/in", „Verkäufer/in, Vertriebler/in", „Vorstand", „Vorständin", „Hauptverantwortliche/r" ist folgendes:

Ein Mensch kommt in ein Restaurant – und um die Geschichte für uns beiden interessanter zu gestalten, kannst Du das Restaurant zu jeder Zeit auch durch eine Autoverkaufshalle, eine Bankfiliale, einen Textileinzelhändler oder eine Telefonzentrale tauschen. Mach Dich gern frei von meiner Geschichte und schreibe sie selbst – aber an dieser Stelle gern erst einmal ab zu meiner ...

Variante 1:

Ein Mensch betritt das Restaurant und wird – aus welchem Grunde auch immer – übersehen. Nach gefühlten fünf Minuten wird er dann doch, gleichwohl recht missmutig, angesprochen: Was er denn wolle? Der Mensch möchte heute Abend einen Tisch für zwei Personen reservieren. Abwertend wird er betrachtet. „Nun gut, ich würde gern gegen 18:30 Uhr essen." „Ja", sagt der Kellner, aber es gebe nur noch zwei Tische, die er nicht so empfehlen könne. Der Mensch entgegnet, er würde trotzdem gern kommen.

Der Tisch wird reserviert. Der Mensch erscheint am Abend pünktlich mit Begleitung. Er wird von demselben Kellner gefragt, wie wohl sein Name **war** *(ja, ist er denn schon gestorben?)* und ob er denn reserviert hätte. – Ach, so einen blöden Tisch hätte er sich ausgesucht. Nun, ja. – Der Mensch mit seiner Begleitung wird weiterhin mehr schlecht als recht bedient. Das Essen hingegen ist vorzüglich.

Dennoch. Nach diesem Erlebnis geht der Mensch nie wieder in das ihm für das großartige Essen und Ambiente empfohlene Restaurant. Er wird das Lokal nicht weiterempfehlen. Und viel schlimmer: Der Mensch plante eigentlich das komplette Restaurant einen Abend lang für eine Vernissage, zu der er Freunde sowie Auftraggeber einladen wollte, zu buchen und mit dem Besitzer abstimmen, ob er seine Bilder während dieses Abends hätte ausstellen können. Als Aperitif war Champagner geplant, zum Hauptgang die besten Weine. Der Mensch ist der Künstler aus der letzten Geschichte. Und als Gast konnte ich ihn nicht bezeichnen, denn dazu hätte er wie ein Gast behandelt werden müssen.

Bist Du erschüttert? Darüber, wie viel Umsatz und Ertrag, wie viel Freude allen vorenthalten wurde? Ich bin es. Wenn wir die Geschichte jedoch durch eine Alternative, hier die „Variante II", ersetzen, wird noch offensichtlicher, was allen in der Variante 1 vorenthalten wurde. Das Ziel ist für uns, nur noch die folgende Geschichte zuzulassen, soweit Du und ich das beeinflussen können. Und wir können viel beeinflussen, wenn wir nur wollen und den richtigen Weg finden. Ein weiteres Ziel könnte es darüber hinaus sein, zu erkennen, an welchen Stellen wir unseren Job, und sei dies zu Hause im Rahmen der Familie, für den Arbeitgeber, für unsere/n Kolleg/innen, besser machen können, um das Leben aller eleganter, lebenswerter zu gestalten. Und das alles einfach, indem wir ein wenig mehr Dienstleister/in, Verkäufer/in/Vertriebler/in und Manager/in sind.

Hier kommt sie, die wahre, richtige Geschichte. Sie ist wirklich schön:

Variante II:

Der Mensch kommt, wie wir jetzt ja beide bereits wissen, mit seinen grauen, etwas ungepflegt wirkenden Haaren, gekleidet in seinem Breitkordanzug, den er sicherlich so vor 15 Jahren erstanden hat, etwas abgespannt in das der gehobenen Mittelklasse zuzuordnende Restaurant.

Es duftet wirklich gut nach frisch gezupften Kräutern und leichten Röstaromen von kurz angebratenem Gemüse. Die Sonne erhält leichten Einfall in die großzügigen Räumlichkeiten. Das dunkle Holz der Einrichtung nimmt diesen feinen Glanz genauso auf wie die champagnerfarbenen Tischläufer und die auf jedem Tisch schön drapierten Calla.

Ein freundlich dreinblickender Kellner kommt dem etwas mürrisch erscheinenden Künstler entgegen und fragt, ob er jetzt oder später essen möchte. Überrascht von der Freundlichkeit des Kellners, erhellt sich die Miene des Künstlers ein wenig. „Nein", sagt er noch ein wenig abwesend, anderen Gedanken – wie malt er bloß sein Bild weiter? – nachhängend. „Jetzt möchte ich nichts essen. – Sehe ich etwa so aus?", fragte er nun ein wenig frotzelig. Der Keller bleibt freundlich: „Wann hätten Sie gern einen Tisch?" Und: „Werden Sie in Begleitung kommen?" „Natürlich komme ich mit meinem Partner", bleibt der Künstler nun nur noch ein wenig gnarzig in seiner Antwort. „Haben Sie um 18.30 Uhr einen Tisch für uns?"

Nach einem kurzen Blick auf die Buchungen des Tages entgegnet der Keller: „Wir haben heute Abend noch zwei schöne Tische für Sie zur Auswahl. Ich könnte Ihnen aber auch, wenn Sie Ihren Besuch auf morgen verlegen mögen oder auf die nächste Woche, einen unserer schönsten Plätze reservieren. Zum Beispiel am Fenster mit einem tollen Blick, entweder auf unsere schöne kleine Gartenanlage oder auf den Springbrunnen vorne. Wobei ich ehrlich gestehen muss, die untergehende Sonne lässt sich an der Seite zur Gartenanlage am besten genießen."

Wieder ein wenig mürrischer murmelt der Künstler: „Na ja, ich will ja auch nur testen. Da ist es mir egal, ob heute, morgen oder nächste Woche." Der Kellner hatte jedem Wort gelauscht, trotz des für ihn unhöflichen Verhaltens dieses etwas heruntergekommenen Menschen. Er entschloss sich sofort, die Entscheidung zu übernehmen – ohne zu wissen, was es mit diesem „Test" auf sich hatte: „Dann empfehle ich Ihnen für nächste Woche Dienstag, 18.30 Uhr, einen Tisch zum Garten gelegen. Das Wetter soll dann schön sein, wie ich in der Wettervorhersage gehört habe. Darf ich das so eintragen?" „Natürlich", entgegnete der Künstler und drehte sich um, um zu gehen. Doch der Kellner ließ nicht locker: „Mein Herr, ich benötige noch Ihren Namen für die Reservierung." Der Künstler drehte sich nur kurz um und raunte ihm seinen Vor- und Nachnamen zu.

Der Kellner blieb freundlich und aufmerksam. Hatte der Künstler nicht etwas von einem Test genuschelt? So ging er mit freundlicher, aber auch bestimmender Ausstrahlung dem Künstler hinterher. Nicht nur um ihm die Tür zu öffnen, nein, auch um nach dem Test zu fragen. Worauf der recht mürrische Mann wie folgt reagierte: „Sie sind mir ja ein Hartnäckiger! Sind Sie hier Chef?" Der Kellner schüttelte lächelnd den Kopf. „Eigentlich wollte ich das mit Ihrem Chef besprechen. Der ist doch abends immer da. Das haben mir zumindest meine Freunde so gesagt. Aber wo Sie schon so hartnäckig sind: Mir wurde Ihr Restaurant empfohlen. Ich möchte es für einen Empfang mit anschließendem Menü, garniert mit einer kleinen Ausstellung meiner neuesten Werke, für einen Abend mieten. Sie wissen ja: Empfehlung hin oder her. Man kauft ja nicht die Katze im Sack. Also bis nächste Woche."

Dass das Essen, das Ambiente und die Menschen, die im Restaurant arbeiteten am Abend der Folgewoche den Künstler überzeugen konnten: selbstverständlich. Dazu gehörte auch, dass der Mann natürlich mit Namen begrüßt wurde. Es gehörte auch dazu, dass der Chef vorab informiert wurde. Dieser wiederum zog zur Vorbereitung das Internet zu Rate, um sich über den Künstler zu informieren. Zudem sprach er mit seinem Chefkoch, um ihn darauf vorzubereiten, sich dem Gast ein paar Minuten lang vorzustellen. Darüber hinaus sorgte der Chef dafür, dass der Kellner, der die Reservierung angenommen hatte, den Mann und seine Begleitung bedienen konnte. Es hatte sich ja bereits eine kleine

„Beziehung" zwischen dem Künstler und ihm entwickelt. Und ist es nicht schön, bekannte, freundliche Gesichter wiederzusehen?

Bemerkenswert für den Künstler war, neben dem empfohlenen guten Essen, dem aufmerksamen Personal, dem zugänglichen Chef, insbesondere „sein" Kellner. Da er keinen Kaffee, Espresso und auch keine harten Alkoholika nach dem Essen trinkt, hatte er noch nie einen Digestif in einem Restaurant bestellt. Hier war es jedoch anders. Der Kellner schaute bei seiner Frage nach einem Digestif in das grummelige Gesicht des Malers und Steinhauers, der ja seine Antwort – Nein – bereits kannte. Doch der Kellner fragte nach dem Nein weiter, und zwar: „Warum?" Er kannte ja nun schon seinen Gast, dessen Miene sich wieder verzog und murmelte: „Na ja, bei Ihnen gibt es ja sicherlich nur so etwas wie Espresso, Kaffee und Alkoholika." Da der Kellner jedoch die Vorliebe seines Küchenchefs kannte, der als Digestiv dreiprozentigen Essigbalsam als Alternative schätzte und wusste, dass dieser immer mindestens drei Sorten in seiner Küche vorrätig hatte, bot er diese mutig an, ohne jemals selbst probiert zu haben. Von der Hartnäckigkeit und der Flexibilität überrascht, ließ sich der Künstler auf das Experiment ein, das aus seiner Sicht unmöglich erfolgreich ausgehen konnte. Gleichwohl bat er den Kellner, nach der Empfehlung des Küchenchefs zu fragen und für ihn die Auswahl zu treffen. Der Essig, das kann an dieser Stelle aufgeschlüsselt werden, war wirklich gut, aber nicht hundertprozentig nach dem Geschmack des Gastes, der sich jedoch rundum wohl fühlte und sich schwor, beim nächsten Mal wieder einen Essig, jedoch dann einen anderen, als Digestif zu testen.

Das Event mit 75 Gästen fand im Spätsommer statt. Der kleine Garten wurde für den Empfang mit genutzt. Die Gäste waren glücklich und zufrieden, wie auch der immer wieder gedankenverlorene, etwas mürrisch dreinblickende Künstler, der bis heute zu den Stammgästen des Restaurants zählt. Bestimmt zehn der Geladenen kamen später noch einmal in das Restaurant. Drei davon finden immer wieder Gefallen an der tollen Lokalität.

Echtes Leben, wie ich finde. Was meinst Du? Was war anders? Warum ist die Variante 2 so viel besser für alle Beteiligten gelaufen? Erinnerst Du Dich noch an den Start? Nein? Dann lies ihn doch einfach noch einmal. Ich finde, er hat Spaß gemacht. Erinnerst Du Dich noch an das Thema „Der wertvolle Mensch"? Die Vokabeln Management bzw. Vorstand/Vorständin, Dienstleister/in, Verkäufer/in und Handwerker/in?

Ich glaube, die erste Begegnung zwischen dem Gast und dem Kellner müssen wir hier nicht weiter sezieren oder analysieren. Oder doch?

Nun ja, der Kellner begrüßte seinen neuen Gast freundlich. Urteilte nicht nach dessen Aussehen. Er war in dieser Sekunde in meinen Augen der „erste Vertreter", Hauptverantwortlicher für das Gelingen der Reservierung = Vorstand des Restaurants. Er war erster Verkäufer der „Waren" des Restaurants (Essen –> Handwerk, Ambiente –> Kapital, Service –> Dienstleistung). Darüber hinaus war er Handwerker, als er die Reservierung in das Reservierungsbuch eintrug, Dienstleister, als er dem Gast die Tür öffnete und erster Dienstleister, als er nach dem „Test" fragte und diese Information seinem Chef weitertrug. Als sein Chef die Zuteilung der Stationen/Tische zwischen seinen Mitarbeiter/innen koordinierte, war er Chef/Vorstand in der Funktion „Manager". Als er sich die Information über den Künstler aus dem Internet beschaffte, war er Handwerker. Für das Briefing seines Küchenchefs und seiner Mitarbeiter, in dem er die Informationen weitergab, war er Dienstleister. Als der Küchenchef seine Empfehlung des Essigs an seinen Kellner weitergab, war er Dienstleister, obwohl in seiner Profession nun wirklich Handwerker. Als er sich noch am Abend dem Künstler vorstellte und an einem anderen Tag die Menüabsprache vornahm, war er Verkäufer seiner „Ware". Die Koordination des Essens und der Gänge sowie die notwendigen Absprachen mit den Kellnern machten ihn zu dem Zeitpunkt zum ersten Manager und Vorstand. Der Chef war in diesem Moment sein Dienstleister, da er die Ressourcen zur Verfügung stellte. Mir ist wichtig, an diesem Beispiel zu verdeutlichen, dass keiner in einem Unternehmen oder in der Familie, auf die ihm scheinbar zugeschriebene und in vielen Managementbüchern als eminent wichtig beschriebene Rolle zurückziehen kann und darf, um heute erfolgreich, authentisch, glaubwürdig und vor allem menschlich zu sein.

Die Geschichte und die kurz gehaltene. abstrahierende Analyse kommen im Übrigen in allen Firmen und Familien so vor – im Guten, wie im Schlechten. Der Rückzug auf die sehr tradierte Rollenzuordnung funktioniert nirgends. Er sorgt vielmehr ohne Not immer wieder für negative Energie und damit Auseinandersetzungen zwischen den Menschen sowie für Misserfolg.

Natürlich ist es wichtig zu wissen, wer man ist und welche Hauptfunktion man in einem Unternehmen, der Familie oder unter Freunden hat. Aber es lohnt, wie beschrieben, sie immer und immer wieder zu verlassen und einen Rollen- bzw. Funktionswechsel vorzunehmen. Sei es für ein paar Sekunden, Minuten oder Stunden. Das Ziel ist immer dasselbe. Es geht darum, sich selbst und die Mitmenschen besser zu erreichen, glücklicher und erfolgreicher zu machen.

Wie jedoch schaffen wir beiden, also Du und ich, nun den Weg hin zur oder zu mehr Rollenflexibilität und dem damit verbundenen Bruch mit den teilweise immer noch vorhandenen gesellschaftlichen Konventionen?

Ob Du es glaubst oder nicht, ohne dass Du Dich voll und ganz Deinem Job, wenn Du dort bist, Deiner Familie, wenn Du Dich im Kreise dieser bewegst, oder den Freunden, Bekannten oder Unbekannten hingibst, mit denen Du Dich umgibst, funktioniert der Bruch mit den Konventionen und den festgefahrenen Rollenverständnissen nicht. Damit Du Dich, wenn Du das möchtest, in diesem Sinne weiterentwickeln kannst, ist es als Erstes notwendig, dass Du von nun an dort, wo Du Dich befindest, wirklich präsent bist. Das heißt: das zu 100 % machst, was Du machst. Das schließt ein, dass Du Deine Mitmenschen und Deine Umgebung wahrnimmst und nicht verträumt oder anderweitig abgelenkt durch die Dir bekannte Umgebung wandelst. Ich weiß, das ist eine Herausforderung. Ich weiß aber auch: Das ist machbar. Tja und leider muss ich Dir ebenfalls beichten: Multitasking schließt diese Herangehensweise an das Leben aus, egal ob Du divers, weiblich oder männlich bist. Multitasking wird unmöglich, da Du Dich ja bereits zu 100 % auf das konzentrierst, was Du gerade machst, auf die Menschen, die Dich umgeben. Für alle und für jeden. Wir können nur einmal sein. Das ist unsere Natur und Bestimmung. Und wenn wir in unserer Natur bleiben, gelingt uns diese schöne Flexibilität immer besser.

Das Spiel mit den Rollen, wie Handwerker, Dienstleister, Verkäufer, Vorstand, Mitarbeiter, Leitung, kannst Du genau als das empfinden, was es ist: ein Spiel. Und Du darfst, ja, solltest auch zwischendurch Spaß daran haben. Reflektiere doch einmal mit Deinem Dir am nächsten stehenden Menschen die letzten fünf Tage unter diesem Aspekt und gehe gern alternative Möglichkeiten des eigenen möglichen Handelns durch. Du wirst, da bin ich mir sicher, schon am ersten Abend mit diesem Gesprächsansatz kontroverse, interessante sowie lustige Gespräche führen und neue Ideen für Dich, Dein Handeln und mögliche alternative Reaktionen Deiner Mitmenschen entwickeln. Damit der Abend oder Nachmittag nicht zu lang wird, kannst Du das Weiterspinnen der Gespräche natürlich auch vertagen. Wichtig ist nur, dass Du sprichst und Dich den Antworten und Reaktionen stellst. Ohne Gespräche wird es schwer. Denn Reflektion ist für unsere eigene Entwicklung wichtig.

Ja, das sind jetzt meine Unterhaltungen, die Du jetzt führst. Ich finde sie großartig und vor allem eines, spannend. Oh, Entschuldigung. Nein. Es sind jetzt ja Deine. Mach es einfach. Und vor allem, mach es immer wieder. Denn spätestens drei Monate, nachdem Du angefangen hast, diese Übung zu machen bzw.

diese Gespräche zu führen, ein zweites Mal zu durchleben, was Du erlebt hast, wirst Du erfolgreicher sein. Die Umwelt versteht Dich immer besser, weil auch Du sie nun besser verstehst. Man tritt Dir freundlicher gegenüber auf und man nimmt Dich ernster. Ich meine nicht das Dir vorgespielte „Ernstnehmen" der Vergangenheit, das sicherlich zuweilen mal vorkam. Es ist ein neues „Ernstnehmen", eines, das verbindlicher, menschlicher ist.

Du wirst sehen ...

Den Menschen sehen

Was ist bis jetzt passiert? Du hast innere und äußere Hürden abgebaut, bist flexibler geworden im Umgang mit Dir selbst und Deiner Umwelt. Du weißt, wie man startet, das Eis bricht. Dir ist bewusst: Alle Menschen sind gleich wertvoll, so wertvoll wie Du.

Alle Menschen sind in bestimmten Situationen Handwerker/innen, Dienstleister/innen, Verkäufer/innen, Vorstände, Mitarbeiter/innen oder Leiter/innen. Du kannst ihnen allen also immer auf Augenhöhe begegnen, also auch anderen eine Begegnung mit Dir auf Augenhöhe erlauben, ohne selbst dabei zu verlieren. Denn Du weißt, Ihr beide könnt nur gewinnen.

Nun können wir uns einer nächsten Herausforderung, manchmal auch einer wirklichen Hürde im zwischenmenschlichen Miteinander stellen, um uns weitere Perspektiven zu (er)öffnen. Lust zu starten? Ja. Na dann lass uns das jetzt tun und anfangen, den Menschen wirklich zu sehen.

Mal angenommen, Du kennst Deine Kolleginnen und Kollegen bereits sehr lange. Mal angenommen, Du gehst morgens zur Arbeit, wie immer, und triffst diese bekannten Gesichter. Nett, wie Du nun mal bist, wünschst Du den meisten oder sogar allen einen „guten Morgen" und fragst: „Wie geht's?" – Ja, hast Du das „Wie geht's?" ernst genommen? Wenn es also jemandem wirklich gut ging, hast Du gefragt: „Warum?", und wolltest die Geschichte dazu hören? – Andere Variante: Wenn Du jemanden sahst, der niedergeschlagen, ein wenig krank aussah, hast Du es bei der vorgenannten Floskel belassen oder gefragt: „Hey, was ist los? Magst Du sprechen? Kann ich Dir vielleicht heute irgendwie helfen?"

Mir, Deinem Buch, ist wichtig, dass Du die Fragen nur stellst, wenn Du diese auch so meinst und ehrlich an den Antworten interessiert bist. Wenn Du das heute schon so tust, freue ich mich für Dich und finde Dich gut, so wie Du bist. Für alle weiteren Schritte, die wir gemeinsam gehen, ist mir wichtig, dass man Dich, und damit uns, wirklich ernst nehmen kann. Das heißt, alle in Deinem Umfeld, Du zu allererst Dich selbst, dann die Familie, Kollegen und Kolleginnen, Freunde, Bekannte usw. natürlich wollen und dürfen Dich auch Fremde und Kunden als Menschen ernst nehmen, weil Du das genauso tust.

Ein sehr profanes Beispiel, das ich eben ausgewählt hatte. Aber es beginnt, Wirkung zu entfalten, wenn Du nach einer entsprechenden Antwort Deines Gegenübers, zum Beispiel bzgl. der Gesundheit, plötzlich zur Dienstleisterin oder zum Dienstleister wirst, Tee oder ein Wasser anbietest. Sollten Dir Kunden, Kollegen, Freunde über das Glück eines nahenden Urlaubs erzählen: Du fragst nach, kennst ggf. die Region. Nun kannst Du plötzlich zum Reiseberater werden und Deiner Gesprächspartnerin oder Deinem Gesprächspartner nützliche Ideen mitgeben. Sollte das Thema Arbeitsüberlastung sein, die sich selbst nach einer zweiten weiteren Frage als dauerhaft herausstellt, könntest Du egal in welcher Position, Dienstleister/in, Verkäufer/in, Monteur/in, Vorständin, Vorstand, Arbeiter/in, ggf. Hilfe oder Unterstützung anbieten. Das muss nicht immer unmittelbar Dich selbst betreffen. Manchmal hilft es, Hinweise zur Selbsthilfe zu geben, wie Arbeiten zu priorisieren, mit Kolleg/innen oder der Vorgesetzten, dem Vorgesetzten zu sprechen, ggf. auch teil- oder zeitweise Arbeiten oder Aufgaben abzugeben. Als Verkäufer/in oder Dienstleister/in könnte es sich um eine Gelegenheit handeln, Deine Dienstleistung/das Produkt anders oder eben auch genauso, wie sie/es ist, an den Menschen zu bringen oder die Leistung anderer (mit) anzubieten. Ich bin mir sicher, der Mensch, ob Kunde/in, Kollege/in, Freund/in, Partner/in, wird es Dir danken, feinfühlig wirklich auf das vorgenannte, teilweise heikle Thema oder ein anderes, das angesprochen wurde, ernsthaft eingegangen zu sein. Es unterscheidet Dich positiv.

Du selbst bist und wirst immer mehr der Mehrwert, der USP (unique selling point oder auch dem Einzigartigen), nach dem die Welt ständig fragt und lechzt, wenn Du so mit Deinen Mitmenschen umgehst. Das geht on- und offline. Und da ich, Dein Buch, am liebsten offline shoppen gehe, gehen wir beide mit einer wirklich großartigen Geschichte zu diesem Thema weiter in die Tiefe:

Mal angenommen, Du bist in einer beruflichen Position, in der Du etwas verkaufst oder Dienstleitungen anbietest. Vielleicht nennst Du Deine Kundinnen, Kunden, Gäste, Klienten, Mitglieder oder Patienten? Wir beide nennen alle nun einfach Kunden.

Mal angenommen, Du bist also gar nicht der oder die, der oder die Du bist, sondern nun Autoverkäufer/in. Für die Geschichte, die nun folgt, könntest Du aber auch Verkäufer/in von Textilien, Verkäufer/in von Bank- oder IT-Dienstleitungen, Blogger/in oder, oder, oder sein. Es geht gleich um einen aus unserer beider Sicht wirklich tollen, großen Geschäftsabschluss, den Du bzw. wir gemeinsam so garnieren, dass der Mensch auf jeden Fall wieder zu Dir, zu Deinem Unternehmen kommt, weil Du ihn als Menschen und nicht nur als Abnehmer/in Deiner Dienstleistung, Deines Produktes oder der Ware gesehen hast.

Du bist ein wenig gierig zu erfahren, um was es geht? Also los geht's:

Eine Frau kommt mit ihrem Mann in einen Autosalon ...
– Langweilig? Nein, es wird gerade wegen der Einfachheit der Geschichte gleich spannend. Wir gehen an dieser Stelle von einem traditionellen Rollenverständnis aus. Und Du bist die Verkäuferin oder der Verkäufer. Die beiden, die Deinen Autosalon gerade betreten, sehen mittelmäßig aus und scheinen mittelmäßig interessiert und Du hast eigentlich schon keine Lust mehr und dennoch sprichst Du die beiden an. Und warum tust Du das? Na, ist doch klar, weil Du es ja bist und weil Du in mir ja nun auch schon ein paar Zeilen gelesen hast. Du machst jedoch nicht das

Naheliegende. Du fragst nicht, ob die beiden einen Wagen kaufen wollen. Nein, das machst Du nicht. Denn wäre das Pärchen ohne irgendein Interesse zu haben in Deinem Salon? Du machst es Dir viel einfacher und fragst für w e n von beiden der Wagen sein soll, nach dem sie hier bei Dir Ausschau halten. Der Mann entgegnet Dir: „Für meine Frau." Du reagierst nun wieder anders, als alle anderen Verkäufer/innen das in dieser Situation tun würden. Du fragst den Mann, was für einen Wagen er fahre und was e r an dem Wagen am meisten schätze.

Geht nicht? Geht doch! Daher weiter mit der Geschichte:

Der Mann fährt einen Oberklassewagen, einen SUV, mit allem Drum und Dran und gaaannz viel PS, natürlich ein Hybrid. Wie Männer halt so sind, sie schwärmen doch gern. Du lässt ihn ausreden, bist interessiert. Im Anschluss fragst Du seine Frau, was sie an dem Wagen am besten finde. „Naja", gesteht sie ein. Es sei schon imposant, wie spritzig so ein großer Wagen sein könne. Auch die dunklen Scheiben finde sie ganz gut. Am besten gefalle ihr jedoch das Glasdach – Frischluft ohne Zug. Im Frühjahr eine wahre Wonne. Der Mann schaut zu Dir. „Naja, Sie wissen ja: So viel Geld darf der zweite Wagen nicht kosten." – Es ist die Zeit gekommen, etwas zum Trinken anzubieten. Zwar signalisieren die beiden, dass sie doch nur schauen wollten, aber sie nehmen die Getränke an. Du lässt eine Pause entstehen, denn wer spricht, verliert in dieser Phase, in der Deine Frage von der Frau noch nicht komplett beantwortet wurde. Du hast die beiden nun an Deinen Platz geführt. Der Mann sagt eine Summe und Du weißt sofort, dass Du dafür keinen Neuwagen nach den Wünschen der Frau zusammenstellen kannst. Aber anders als sonst schaust Du dem Mann und seiner Frau zuversichtlich in die Augen und fragst die Frau nach ihrer Wunschlackierung. Es ist Weiß. Dem Mann scheint ein wenig unwohl zu sein, da er merkt, dass ein Geschäftsabschluss nahen könnte. Und schon wieder gelingt es Dir, anders zu reagieren, als es von Dir typischerweise erwartet werden würde. Du stellst dem Mann die nächste Frage und zwar: „Was wäre für Sie wichtig, wenn Sie den Wagen Ihrer Frau aussuchen würden?" Der Mann schnauft, denn mit dieser Frage hatte er nun wirklich nicht gerechnet. Und so antwortet er: „Ich weiß nicht. Aber ich finde, der Wagen sollte auch von außen sportlich sein. Ach so, und ich genieße es, in meinem Wagen meine Lieblingsmusik von ACDC laut zu hören, die meine Frau leider hasst. Sie wiederum liebt dieses R&B-Zeugs. Bei mir im Wagen geht das über Bluetooth. Da war auch gleichzeitig eine Gegensprechanlage mit drin. War aber teuer." „Nun ja", entgegnest Du, „bei uns kostet so etwas keine 350 Euro mehr, inklusive besserer Lautsprecher, als im Standard." Die Augen der Frau glänzen. Nun widmest Du Dich wieder ihr und fragst, ob bzw. welchen Wagen sie heute fahre. „Einen zehn Jahre alten Kleinwagen", entgegnet sie. „Grundausstattung. Aber er hat mich ja immer von A nach B gebracht."

Nun die Frage an die beiden. „Haben Sie bereits etwas für den neuen Wagen angespart?" „Na klar", retourniert der Mann. „Aber natürlich nicht so viel, dass das nun reichen würde für einen Neuwagen mit der Ausstattung und ich hab ja auch bereits eine Summe genannt." „Ok", sagst Du. „Dann habe ich eine Idee, aber dafür ich würde mich freuen, wenn Sie mir noch folgende Frage beantworten." Und schon wieder ist es unmöglich, mit Deiner nächsten Frage zu rechnen.

„Was wollten Sie schon immer mit Ihrer Frau machen?" Der Mann ist überrascht, antwortet gleichwohl blitzschnell: „Einen Tandemsprung mit dem Fallschirm." „Und Sie, meine verehrte Dame?" „Naja. Ich wollte immer mit ihm auf ein Konzert. Lenny Kravitz mögen wir beide." „Dann habe ich jetzt folgenden Vorschlag für Sie. Ich präsentiere Ihnen die Konfiguration Ihres Lieblingswagens in zwei unterschiedlichen Größen. Die Innen- und Außenausstattung können Sie hier sehen und ich verspreche Ihnen, einen guten Preis zu machen, wenn Sie mir sagen, wie viel Bargeld Sie einsetzen wollen. Für den Restbetrag, den wir dann noch benötigen, bekomme ich sicherlich eine günstige, gute und vor allem passende Finanzierung für Sie hin. Ihren alten Wagen nehme einfach zurück und in Zahlung. Dafür organisiere ich bereits jetzt, wenn Sie mögen, ohne ihn gesehen zu haben, als Gegenleistung den Tandemsprung. Da ich das mit dem Konzert nicht so schnell hinbekomme, was trinken Sie lieber: einen guten Wein, Sekt oder Champagner?" Sie: „Sekt." „Ach so. Welchen Typ wollen Sie eigentlich? A oder B?" „Ach", sagt der Mann, „eigentlich hatten wir ja eher an den kleineren Typ A gedacht. Aber meine Frau ist mir B wert. Der sieht zudem auch schnittiger aus." Darauf seine Frau: „Aber Schatz, Du hast doch gesagt, dass wir uns das nicht leisten können." Er: „Ja, aber Du bist es mir wert, meine Liebe."

Während Du die Verkaufsunterlagen fertigstellst, lässt Du das Gespräch nicht abbrechen und fragst, was sie in ihrer Freizeit so am liebsten machen. „Ach, eigentlich machen wir gar nicht so viel. Ab und zu spielen wir zusammen Tennis. Wir reisen gern und lieben es, essen zu gehen." Darauf Du: „Waren Sie schon mal in dem Restaurant da hinten in der Maximilianstraße? Ich gehe da gern hin. Meist aber nur, wenn es etwas zu feiern gibt, wie den Hochzeitstag, oder zum Geburtstag. Aber es ist wirklich schön dort." Nein, das Restaurant sei den beiden noch nicht wirklich aufgefallen, da es ja so weit hinten im Grundstück liege und ein großer Springbrunnen davor den Blick versperre. Der Garten sehe aber immer gut und gepflegt aus. Daher, und ich hoffe, Du kennst auch in Deiner realen Welt ein solches Restaurant, ergänzt Du, dass Du immer wieder von der Freundlichkeit des Personals, dem Ambiente und der guten Küche angetan seist. Wenn Du es Dir leisten könntest, würdest Du da am liebsten häufiger essen. „Sie beiden aber, haben doch jetzt w i r k - l i c h was zu feiern. Darf ich Ihnen da gleich einen guten Tisch bestellen, während Sie die Unterlagen und meine Ideen für die Konfiguration, das Angebot und den Finanzierungsvorschlag prüfen?" Die beiden schauen sich an, zögern, nicken und entgegnen: „Ja, warum nicht?"

Der Wagen ist klein, weiß, sportlich, hat ein Sonnendach und eine bisschen bessere Anlage als beim Standard, natürlich mit Bluetooth und Gegensprechanlage. Alle beteiligten Menschen sind glücklich.

Tja, sagst Du Dir jetzt bestimmt, das funktioniert in einem Buch, aber bestimmt nicht in der Realität. Und ich sage Dir: Doch, es geht. Denn Du bist die Realität und Du weißt nun, wie es geht, um diese Art von Geschichten wahr werden zu lassen. Nein? Du zweifelst? Oh, dann helfe ich Dir gern ein wenig weiter und nutze auf dem Wege die Alternativberufe, die ich eingangs der Geschichte benannt hatte.

Also, als Erstes begegnest Du zwei Menschen in Räumlichkeiten, in denen – in diesem Fall von Dir – Dienstleistungen oder Waren angeboten werden. Die freundliche Begrüßung ist Dir ja nun schon in Fleisch und Blut übergegangen. Und das kannst Du heute bereits auch dann, wenn Dir die Menschen nicht gleich supersympathisch erscheinen oder, aus Deiner Betrachtung heraus, richtig situiert. Du siehst jeden Menschen als gleich wertvoll an. Auch ein zwei elegante Eingangsfragen zu stellen, um das erste Eis zu brechen, fällt Dir heute bereits leichter.

Beim Textilhändler darf die Frage ebenso wenig wie beim Autoverkäufer „Kann ich Ihnen helfen?" oder „Was suchen Sie denn?" sein. Auch wenn Letzteres schon ein wenig weniger profan ist, ist es doch ein absolutes No-Go, wie ich finde, wenn Du und ich es ernst meinen mit den Menschen. Auch beim Textilhändler wäre also nach der Begrüßung die erste Frage: „Suchen Sie etwas Bestimmtes, vielleicht für einen besonderen Anlass? Oder nur einer von Ihnen?" Denn die beiden sind ja da, also was werden sie wohl etwas kaufen oder sich zumindest inspirieren lassen wollen. Einen Fernseher bekommen die beiden ja nicht bei Dir.

Auch hier kannst Du flexibel sein und die Menschen beobachten, wo ihre Blicke hinschweifen und wie sie interagieren. Auch in der Alternativgeschichte kannst Du ggf. Hobbys oder Urlaub als Themen mit einspielen, Mehrwerte anbieten, wie z. B. eine passende Krawatte + Einstecktuch + Hemd für den Mann oder zu einem Hoodie einen passenden Sneaker oder eine passende Chino anbieten. Grundsätzlich setzt nur Deine Kreativität Dir Grenzen. Und ob Du es glaubst oder nicht: Kreativität kann man lernen. Den meisten, vielleicht ja auch Dir, fehlt nur manchmal der Mut, Kreatives, also eigene Ideen, auszusprechen, da man die Resonanz ja (noch) nicht kennt.

Nun, auch dafür hab ich eine Lösung: Wenn Du Lust hast, kreativ zu werden, z. B. in der Familie, für Deinen Partner oder Deine Partnerin, sprich Deine Idee, wenn Du noch unsicher bist, doch einfach vorab einmal mit Deinem besten Freund/Deiner besten Freundin durch. Möchtest Du ein wenig kreativer im Job werden, um zu überraschen, mehr Mensch sein zu können, mehr Spaß zu haben? Ziehe gern ebenfalls, wenn Du Dir noch nicht ganz sicher bist, eine Vertrauensperson zu Rate und frage, was dieser Mensch von Deiner Idee hält. Im Anschluss heißt es dann, Mut haben, machen, mit der Resonanz der Kolleg/innen und Vorgesetzten umgehen und immer wieder üben. Mit Üben meine ich, üben, die Menschen richtig zu erreichen und vor allem Ihnen auch den Raum zu lassen, reagieren zu können. Glaube mir, alle Menschen reagieren anders. Ich genieße es in vollen Zügen, dass dem so ist und freue mich über die Abwechslung sowie über die häufig damit verbundene Inspiration. Freue Dich einfach über die Rückmeldung und reagiere als Mensch und bitte nicht mehr in der Dir scheinbar zugeteilten Rolle: Arbeiter/in, Dienstleister/in, Büroangestellte/r, Leiter/in oder Vorstand/Vorständin …

Und wieder dröhnt es in Deinem Kopf: Ja ABER, die anderen machen das doch auch nicht.

Jetzt sage ich Dir mal was:
1. Es ist Dein Leben.
2. Du möchtest erfolgreicher, glücklicher und inspirierter leben.
3. Wenn Du es vormachst, werden Dir sukzessive andere folgen. Davon bin ich überzeugt.
4. Und Du kannst mich doch einfach als Lektüre empfehlen.

Aus meiner Sicht bleibst Du verantwortlich für Dein Leben. Du kannst also zu jeder Zeit selbst wählen, welche Stimmung und Einstellung Du zu Dir, dem Leben und anderen hast oder eben haben möchtest. Ja und das gilt auch, wenn Du mal zu Hause, mit Freunden, Kollegen und Kolleginnen, der Chefin, dem Chef Zoff hattest. Wenn Du in diesen Situationen unzufrieden mit Dir selbst warst – und es sind immer beide Gesprächspartner schuld –, dann geh raus und sei es gedanklich, schüttle Dich, schrei Dir den Frust von der Seele und sei wieder Du selbst. So, wie Du bist und sein möchtest. Vergangenes kann man nicht mehr ändern. Man kann sich höchstens, z. B. wenn man selbst eine Teilschuld an einer derartigen Auseinandersetzung trägt, bei dem Gesprächspartner oder der Gesprächspartnerin, egal ob im Beruf, zu Hause oder unter scheinbar Fremden, entschuldigen. Das halte ich für menschlich groß und weiß, dass es die eigene Seele im besten Sinne reinigt.

Der Nutzen: Du bist allein durch Dein (neues) Verhalten d e r Mehrwert für andere Menschen, nach dem alle so gieren. Das macht sich, das weiß ich aus Erfahrung, mittelfristig bezahlt und vor allem eines: glücklich.

Im normalen Leben heißt das, Du wirst sukzessive mehr Wertschätzung erfahren und noch mehr zu einer unverwechselbaren, angenehmen Persönlichkeit. Was auch immer Du verkaufen wirst, es wird sich für den Käufer wertvoller und gut anfühlen. Und ich habe gehört, der eine oder andere ist bereit, für Wertvolles auch zu zahlen oder sich Mühe zu machen, es zu erhalten. Sei es dadurch, dass Du beim Bäcker mal ein kostenloses Brötchen mitbekommst, Du mit einem Lächeln von einem sonst mürrischen Menschen empfangen wirst, mehr Gehalt erhältst, ohne danach fragen zu müssen, oder eben wirklich eine Ware besser und/oder häufiger verkaufen kannst.
  Du bist bzw. wirst durch ein solches Verhalten einfach ein aufmerksamer, liebe- und wertvoller Mensch. Du bringst Dich zu jeder Zeit voll mit ein, in Gespräche oder andere zwischenmenschlichen Konversationen und sei es in Social-Media-Kanälen.

Mir ist bewusst, dass dies eine herausfordernde Aufgabe ist. Wenn es Dir jedoch gelingt, auch wenn Du vielleicht bislang auch gern mal ein Stinkstiefel warst, kann ich kann Dir sagen: Dein Leben wird schöner und erfolgreicher.

Für alle diejenigen, die jetzt noch nicht genug haben, also hoffentlich auch für Dich, gibt es nun ein Kapitel mit einem Feuerwerk an Ideen, um flexibler in allen Situationen zu werden, menschlicher, überraschender, liebenswerter und deutlich erfolgreicher als Deine Dir bekannte Umgebung.

Wobei Erfolg für mich, Dein Buch, etwas mit Dir zu tun hat, damit, dass Du Dir selbst treu bist und bleibst, dass Du Deine Wertvorstellungen und Überzeugungen für Dich umsetzt. Erfolg hat nicht alleine etwas mit Geld verdienen bzw. der Menge des Geldes zu tun, die man verdient. Auch wenn man das ganz hervorragend mit folgenden „Werkzeugen" kann. Die Werkzeuge funktionieren beruflich und privat. Sie wirken allesamt am besten unter Berücksichtigung des bereits Geschriebenen. Ich nenne die Werkzeuge:
a. Den ersten Eindruck bestimme ich selbst.
b. Alle Menschen sind gleich wertvoll.
c. Jeder ist zuweilen Manager/in, Vertriebler/in, Handwerker/in, Dienstleister/in. Wir haben es selbst in der Hand.
d. Überraschen, kreativ sein & den Menschen sehen und präsent sein, in dem Moment oder Ort, an dem Du bist.

Hinter dem Nein

Du siehst also heute die Menschen. Du begegnest ihnen unabhängig von deren Stimmung und Status freundlich, zumindest innerlich freundlich. Du meinst jede Frage, jede Antwort ernst. Selbst wenn Du Spaß machst, ärgerlich oder traurig bist, meinst Du das ernst und bleibst Mensch, authentisch und glaubwürdig. Du wirst zu keinem Zeitpunkt mehr zur Karikatur Deiner selbst. Du bist jetzt, wer Du bist und wirst allein deswegen schon anders wahrgenommen. Heute versteht man Dich, weil auch Du verstehst oder zumindest verstehen möchtest.

Was jetzt folgt, ist der Wahnsinn: Du löst Dich von allem. Ja, von allem. Du löst Dich von der Vorstellung, dass Du irgendwie sein müsstest oder so sein solltest, wie andere es von Dir denken/erwarten. Was jetzt kommt, ist wieder eine kleine Überraschung, mit der selbst ich bis eben noch nicht gerechnet habe: Du trittst ab jetzt immer an, um zu gewinnen. Was auch immer gewinnen heißt. Das bestimmst Du für Dich selbst. Um nur ein Beispiel zu nennen: Gewinnen kann auch bewusstes Verlieren in bestimmten Situationen bedeuten. Denn manchmal lohnt es, seine Kräfte zu sparen. Wie auch immer Du Dich entscheidest, Du möchtest jetzt wissen, wie das mit dem Gewinnen so geht. Du schaust mit mir gleich einfach hinter das Nein und künftig wirst Du das immer tun, bevor Du eines hörst, da bin ich mir sicher. Dazu wirst Du lernen, weiter zu überraschen. Um beides durchführen zu können, ist es wichtig, bei allen Menschen, bekannten und unbekannten, ein Profiling durchzuführen, das heißt, sich vorurteilsfrei Gedanken zu machen, woher der oder die andere kommt, wer er oder sie ist, was ihn oder sie bewegt haben könnte oder bewegt hat sowie was künftig für ihn oder sie von Interesse sein könnte. Vielen geht das in der Familie ab, weswegen diese Menschen dann beruflich Profi, jedoch privat Amateur sind oder zu einem solchen werden. Dieses Verhalten wiederum, also die Nachlässigkeit, sich nicht wirklich zu kümmern, führt dann meist auch zum beruflichen Abstieg und sei es mit 60 Jahren oder später. Man verliert sich bei all dem scheinbaren Erfolg, den man hat oder hatte, leider zuweilen selbst.

Also gib auch Du weiterhin Acht, wenn Du aus diesem Buch Gelerntes anwendest. Der Erfolg bleibt nur bei Dir, wenn Du zu jeder Zeit der komplette Mensch bist, der Du bist. Dazu gehört, dass Du in der eigenen Familie und mit Freunden oder Bekannten mit der gleichen Sorgfalt und Liebe umgehst, wie Du es auch beruflich tust, um erfolgreich zu sein und möglichst viel Geld zu verdienen oder Anerkennung für Dein Geleistetes zu erhalten.

Alles in allem sollten alle Gespräche, die wir führen, grundsätzlich von Nutzen sein. Dass sind sie, nur um Dich an dieser Stelle zu beruhigen, schon dann, wenn wir, also Du und ich, nicht mehr mit Floskeln und Worthülsen oder Stammtischparolen agieren. – Ach so – für einen Spaß, der das auf die Schippe nimmt, aber einen tiefen Sinn trägt, kann das dennoch zuweilen eine schöne rhetorische Möglichkeit sein. Aber nur dann!

Und es geht weiter: Der konkrete Nutzen sollte vor einem Gespräch nicht immer feststehen. Nur das, nur Dein Ziel, Nutzvolles oder Nutzenstiftendes von Dir zu geben, sollte es. Um, bevor Du ein Gespräch beginnst, zu wissen, ob das, was Du von Dir gibst, von Nutzen sein kann, ist es daher notwendig, wenn möglich, Dich vorab zu informieren. Auch in der Familie, bei Freunden oder Bekannten, mit denen Du Dich triffst, schreibst oder chattest, lohnt es vorab noch einmal Hobbys, Vita, Vorlieben, Geschichten, die Du bereits kennst, in Erinnerung zu rufen, um ihnen und Dir selbst gerecht zu werden. Es zeugt einfach von Respekt, das zu tun und es schmeichelt allen Beteiligten. Bei Kunden, die Du kennst oder gewinnen möchtest, recherchierst Du das in Zukunft einfach vorab im Netz. Vita, berufliches Umfeld und Hobbys sind zuweilen zügig und teilweise sogar umfassend in guter Qualität in Erfahrung zu bringen.

Ok. Und nun noch ein anderer Fall: Du lernst einen Menschen gerade erst neu kennen, wenn dieser Dein Büro, Deinen Co-Working-Space oder Deine Verkaufsstelle betritt? Ja, beim ersten Mal ist es dann an Dir, wenn möglich, viele offene Fragen zu stellen. Das sind die Fragen mit dem „W" vorne. Erst dann, wenn gefühlt nichts mehr geht, beginnst Du künftig Deinen Job, also mit dem Gespräch Nutzen zu stiften. Denn der Mensch wird Dir bereits alle Antworten gegeben haben, welche Themen für ihn interessant sind, damit Du Nutzen stiften kannst. Du brauchst die Antworten lediglich – es klingt so leicht, wie es ist – mit Deinen Erfahrungswerten zu verknüpfen. Selbst bei dem profanen Verkauf von Waren oder Dienstleistungen wird und muss zwangsweise der Nutzen, am liebsten der nachhaltige Nutzen, für den Menschen, der angesprochen wird oder Dich angesprochen hat, im Vordergrund stehen. Andernfalls wird er nie wieder zu Dir kommen, sich beim nächsten Mal abwenden, wenn Du den Raum betrittst oder, oder, oder. Ach so, bei einigen Menschen oder in einigen Situationen kann es auch von Vorteil sein, nach einer Begrüßung erst sich selbst vorzustellen und etwas von sich zu erzählen und damit dem Gesprächspartner bzw. der Gesprächspartnerin einen Vertrauensvorschuss zu geben.

Nun ja, welchen Nutzen hat es für Dich, jetzt weiterzulesen und das bisher Empfohlene umzusetzen? Das kann ich Dir sagen: Du machst, wenn Du so, wie hier beschrieben, vorbereitet konzentriert in Gesprächen agierst, zuerst den Endorphin-Freischwimmer und dann kannst Du von dieser körpereigenen Droge nicht mehr genug bekommen. Das Ergebnis sind fast ausnahmslos wirklich gute Gesprächserlebnisse, die auch für Dich von Mehrwert sind, also Nutzen für Dich selbst stiften. Ob dies der geglückte Verkauf einer Ware oder Dienstleistung ist oder einfach das persönliche Feedback, durch Inhalt oder Gestik Deines Gegenübers, das kann ich nicht sagen. Was ich sagen kann: Es bleiben nunmehr immer häufiger auftretende kleinere und größere großartige Erlebnisse für Dich.

Also weiter: Du hast Dich für das nächste Gespräch mit Deinem Partner, Kunden, Vorgesetzten oder Freund diesmal richtig gut vorbereitet. Du kennst die Themen, die Du aus Deiner Sicht besprechen möchtest (und hast diese innerlich oder auf einem Blatt Papier notiert). Auch Dein Gesprächsziel steht bereits fest. Tja, da Du auf dem Weg meist auch geschlossene Fragen stellen musst, weißt Du, dass auf dieser Strecke ein Nein von Deinem Gegenüber Dich von Deinem Ziel entfernen, aber, seit Du dieses Buch gelesen hast, nicht mehr von seiner Erreichung abbringen kann – vorausgesetzt bleibt dabei natürlich, dass das Ziel Gutes in sich trägt.

Da Du ja Dein Gegenüber entweder bereits in Nuancen kennst oder ein Profiling gemacht hast, überlegst Du Dir bereits im Vorwege des Gespräches „Alternativstrecken", die im Falle eines Neins dennoch zum Ziel führen können.

Zwei interessante und vielleicht zuweilen auch wichtige alternative Strecken können folgende sein:

a. Die Vereinbarung, im Gespräch zu bleiben. Der Nutzen für den anderen Menschen geht meist nicht über die – nähere – Zeit verloren. Durch dieses und alle folgenden Gespräche versetzt Du Dich jedoch in die Lage, ein immer besseres Profiling, also eine bessere Vorbereitung durchzuführen bzw. das gewonnene Wissen über Dein Gegenüber elegant und respektvoll in Deine Gesprächsführung einzubinden. Da Du den Menschen immer weiter kennen lernst, weil er immer ein weiteres Stück von sich preisgeben wird, wirst Du sicher Dein Gegenüber früher oder später von einer guten Sache oder einem guten Thema überzeugen können. Zwar bedeutet das, auch manchmal Kompromisse einzugehen. Ich, Dein Buch, bin jedoch davon zutiefst überzeugt: Du wirst im Kern Dein Ziel erreichen. Du überzeugst nämlich auf dem Weg nicht nur inhaltlich sowie durch den „Mehrwert"-Menschen. Du überzeugst auch durch Nachhaltigkeit. Du meinst es wirklich ernst. In dieser schönen Welt gibt es das nicht mehr sehr häufig, auch wenn wir beiden uns das so wünschen. Und das ist d e r Unterschied. Ach so: Und wenn es irgendwann doch so sein sollte, das jeder Mensch es ernst meint, nachhaltig ist und auch so agiert, wird es mich in überarbeiteter Form geben. Mit neuen Ideen und Überraschungen.

b. Die zweite, wie ich finde, immer wieder gute Alternativstrecke zum Nein, ist, zu überraschen. Ja, fragst Du Dich, wie soll denn das gehen? Na, ich bin ja Dein Buch und helfe natürlich auch an dieser Stelle gern mit einer von 10.000 Möglichkeiten. Gespannt? Mal angenommen, Du bist kurz vor Deinem Ziel, Deine Gesprächspartnerin oder Deinem Gesprächspartner von einer richtigen Sache oder dem richtigen Thema zu überzeugen. Du bist im Gespräch mit der- oder demjenigen richtig warm geworden. Du weißt es jetzt wirklich ganz genau, Dein Gegenüber macht das Richtige, wenn er oder sie Deinen Empfehlungen bzw. Deiner Empfehlung jetzt folgt. Und was passiert da? Dein Gegenüber bringt doch noch ein Nein hervor.

Ja, nö, is klar, hättest Du Dir bis heute frustriert gesagt. Je nachdem, wie gut Deine Erziehung ist, wärst Du freundlich geblieben. Aber innerlich, und später auch woanders, hättest Du rumgeätzt, wie schrecklich die betreffende Person doch sei. Heute jedoch sagst Du einfach mit einem milden Lächeln im Gesicht: „Schade, ich hätte gedacht, mit Ihnen auf dem richtigen Weg zu sein und Sie eigentlich bereits überzeugt zu haben. Können Sie mir sagen, wo ich Sie verloren habe?"

Häufig sind dann folgende Reaktionen zu konstatieren:

1. „Sie hatten mich eigentlich schon überzeugt, nur irgendwie ging mir das zu schnell. Mir ist das alles noch zu neu oder zu anders." Jetzt darfst Du reagieren und erleichtert sein: „Na, dann denken Sie doch gern einfach noch ein wenig drüber nach! Wann wollen wir die Sache, das Thema denn ein weiteres Mal besprechen? Was meinen Sie?"

2. „Schade, mir hat eigentlich nur der Preis, das Reiseziel oder, oder, oder nicht gepasst."

Dann Du: „Wenn ich das richtige Angebot, ein anderes oder neues Thema habe, darf ich Sie dann wieder ansprechen?" „Ja" wird ausnahmslos die Antwort sein. Und ich wette, dass ihr beide wieder sprechen werdet und es dann zu einer Lösung kommt, von der beide Seiten etwas haben werden.

In beiden Fällen bleibst Du im Gespräch. In beiden Fällen ist es wichtig, sich nicht vom eigenen Ehrgeiz in die Enge treiben zu lassen. Sondern zu wissen und sich mit diesem Wissen entspannen zu können, dass das Gespräch sicher beim nächsten Mal gut weitergeführt, weiter in Deine gewünschte, für beide Seiten gute Richtung geführt werden kann.

Überraschen kannst und darfst Du im Übrigen fast immer in allen Gesprächen. Auch Dein/e Partner/in darfst Du überraschen, im Übrigen auch dann, wenn es verboten wurde. Der Mensch freut sich nämlich immer über Überraschungen. In Gesprächen ist es ein probates Mittel, um sie aufzulockern. Ob dies nun den Weg nach dem Nein weist oder einfach so eine willkommene Auflockerung ist. Kommen also in dem Gespräch Wörter, Vokabeln vor, mit denen Du andere Geschichten, Erlebnisse oder Fragen verbinden kannst – und das ist im Übrigen in fast jedem Satz der Fall –, kannst Du dieses Wort für Dein überraschendes Intermezzo im Gespräch übernehmen.

Bei Spanien fällt mir z. B. ein: Kennen Sie guten spanischen Wein? Trinken Sie überhaupt Wein? Oder: „Waren Sie schon mal in Andalusien? Was machen Sie in Ihrem Urlaub am liebsten?" Das Intermezzo darf so maximal zwei bis fünf Minuten dauern. Dann ist es an Dir, wieder behutsam zum Kerngespräch zurückzuführen. Zum Beispiel so: „Lassen Sie uns wieder zu unserem ursprünglichen Thema zurückkehren und uns gern später noch einmal den Weinen oder der Esskultur widmen." In diesem Fall ist es natürlich ein Muss, das auch wirklich zu tun. Im Ursprungsgespräch wirst Du sehen, dass sich viele scheinbare Barrieren deutlich reduziert, wenn nicht gar nivelliert haben. Es wird Dir und Deinem Gegenüber nun Spaß machen, das Gespräch zu einem guten Ende zu führen. Ein Wiedersehen ist ebenfalls meist sicher, denn ihr habt ja noch auch noch die Gesprächsthemen aus der Überraschung, dem Intermezzo.

Also, nach dem Nein oder kurz bevor es kommt, weil Du es heute früher sehen kannst, geht es nun immer weiter. Es fällt Dir immer leichter eine Überraschung in Dein Leben und in Gesprächen einzuflechten. Du siehst Menschen und agierst als Mensch. Du bist vielfältiger, variabler, nachhaltiger, ernstzunehmender. Alles dies sind Mehrwerte oder sogenannte Zusatznutzen, nach denen unsere Welt so giert. Du bist nun einer von den Menschen, die alles dies verkörpern. Du hattest es schon immer. Nur jetzt lässt Du es zu, zeigst es offener, bist vielleicht ein bisschen mutiger.

Fällt es Dir, weil alles so schnell ging, weiterhin schwer, lies mich gern noch einmal und einmal oder einfach weiter. Was uns genau jetzt zum nächsten Kapitel, der vierten Dimension, führt. Interessiert?

Die vierte Dimension

Ich bin mir sicher: Du kennst Dich.
Ja, kennst Du Dich wirklich?
Was isst Du am liebsten?
Was würdest Du jetzt am liebsten machen? Mich lesen? Na klar!
Was würdest Du Dir jetzt wünschen, das ich für Dich schreibe?
Hattest Du gestern oder heute eine Auseinandersetzung mit jemandem? Konntest Du den Ärger in Freude umwandeln? – Nein? – Wenn dem so war und immer noch so sein sollte, kann ich Dir mit den nächsten Zeilen vielleicht ein wenig helfen, aus Ärger Freude zu machen. Es hängt, wie immer, ganz an Dir.
Hast Du Dich heute oder gestern über etwas gefreut und warst für einen Moment glücklich? Konntest dieses Gefühl aber entweder nicht teilen oder für den Tag konservieren, weil der gesamte Rest schon wieder so stressig oder unerfreulich war?
Nun, ein Teil der Klärung liegt nicht in Deiner Umwelt verborgen, sondern in Dir, meine liebe Leserin, mein lieber Leser. Was würdest Du heute machen, wenn Du noch einmal bei null anfangen könntest?

Wenn es geht, lege mich jetzt einfach einmal beiseite und folge Deinen Träumen. Den Träumen, von Deinem Leben, wie es ohne jegliche Vorgabe hätte aussehen sollen und wie es Zukunft verlaufen sollte.

Du hältst mich wieder in Deinen Händen? Was hältst Du jetzt davon, Deine Träume von diesem, Deinem Leben, die Du ursprünglich einmal hattest, mit jemandem zu teilen und Dich darüber auszutauschen? Du möchtest Dich lieber mit mir austauschen? Na, dann gern:

Als Erstes beschreibe mir bitte Deine Profession, dort, in Deiner schönen Welt, von der Du einmal geträumt hast. Was wärst Du? Musiker/in, Maler/in, Sportler/in, Kfz-Meister/in, Friseur/in, Maurer/in, Kauffrau, Kaufmann, Kreative/r, Angestellte/r, Vorständin, Vorstand einer großen oder kleinen Firma. Manager/in einer Farm, Inhaber/in eines Bauernhofes, Sozialhilfeempfänger/in? Wärst Du Südafrikaner/in, Iraner/in, Israeli, Hawaiianer/in? Welche Talente hättest Du? Wie würdest Du aussehen, Dich kleiden? Was würdest Du gerade jetzt tun? Wer wären Deine Freunde? Was würden sie über Dich sagen? Was würden sie über Dich denken? Was würdet ihr gemeinsam erlebt haben? Was würdest Du alleine erlebt haben?

Nun ja. Was machen wir nun mit Deinen guten Gedanken und Gefühlen?

Na ist doch klar! Wir stellen uns ihnen.

Weißt Du eigentlich, warum der Künstler von vorhin immer so mürrisch ist? Hier die Antwort: Auch wenn er in seinem heutigen Metier erfolgreich ist, ist er doch durchweg irgendwie unzufrieden. Latent nur, aber er ist es: In seiner Traumwelt hat er nämlich ein geregeltes Einkommen und reist um die Welt. Anstatt sich jedoch über sein Können und seine Fingerfertigkeit sowie seine Kreativität zu freuen, hätte er doch so gern sein Leben anders gestalten zu wollen. Tja, und nun komme ich, Dein Buch, und sage Dir: Es liegt noch heute in seiner Hand, sich seinen Träumen zu stellen und zumindest einen Teil davon umzusetzen. Nur ein Beispiel, wie er das bewerkstelligen könnte:

Er könnte zum Beispiel Auftragsarbeiten annehmen, von Verlagen zur Illustration von Büchern, von Architekten und Gartenbauern, die bestimmte Vorstellungen haben, welche Skulpturen sie benötigen. Alles das könnte ihm helfen, ein geregelteres Einkommen zu haben, ohne gleich Sachbearbeiter in einer Versicherungsagentur zu werden. Ich kann mir sogar vorstellen, dass er reisen müsste, um sich jeweils vor Ort einen Eindruck vom Ganzen zu verschaffen und sich von der näheren oder weiteren Umgebung und Kultur inspirieren zu lassen. Ich bin mir sicher, würde er sich heute seinen Träumen ein wenig stellen, er wäre glücklicher und für seine Umwelt zugänglicher. Ach ja, und da war ja noch der Autoverkäufer, der gern Maurer wäre und handwerkliches Arbeiten schön findet. Tja, der hat mit an seinem eigenen Haus gebaut. Zweieinhalb Jahre lang hat er das voller Freude in seiner Freizeit gemacht. Und auch heute noch wird es immer schöner durch seiner Hände Arbeit. Er hat zudem so für sein Alter vorsorgen können und Wert erschaffen. Er ist ein wirklich glücklicher und zufriedener Mensch durch diese Arbeit geworden.

Was ist also nun mit Dir?

Als Erstes: Ich möchte, dass Du so bleibst, wie Du bist. Als Zweites würde ich mich freuen, wenn Du damit startest, Dir darüber klar zu werden, wenn Du es Dir nicht bereits bist, an welchen Stellen und in welchen Lebensbereichen Du heute bereits Deinen Traum auf diesem wundervollen Planeten lebst. Erst als Drittes und ich glaube, dass das wirklich eine Herausforderung für jeden von uns ist: Was wirst Du morgen unternehmen, das Dich näher an Dich selbst bringt, an Deine Mitte, in der Du sich voll und ganz wohlfühlst, an den Teil Deiner Träume, die heute noch nach Umsetzung und Erfüllung schreien?

Mein Tipp: Mach es einfach. Und zwar unter der Prämisse, auf allem, was Dich bis heute ausmacht, aufzubauen. Ich rufe Dich also nicht dazu auf und möchte auch nicht dazu ermuntern, die Burg Deines Lebens einzureißen. Nein! Ich möchte Dich vielmehr dazu ermuntern, auf das Fundament, das Du bis hierhin aufgebaut hast, weiter das aufzubauen, was Dich glücklich macht oder zumindest in der Lage ist, Dich glücklicher zu machen. Mach Deine Burg noch mehr zu der Deinigen.

Wann hast Du eigentlich das letzte Mal jemandem, der Dir nahe steht oder mit dem Du zusammenarbeitest, diese Fragen gestellt: Was wärst Du in Deiner Traumwelt und was würdest Du da machen? Suche Dir doch einfach jetzt jemanden und gönne Dir die Zeit für den Gedankenaustausch. Wenn Du ehrlich bist, kann der Dialog von nun an eigentlich nicht mehr gestoppt werden, denn ein Teil Deiner und der Träume Deiner Gesprächspartnerin oder Deines Gesprächspartners wollen noch in dieser und damit der realen Welt umgesetzt werden. Dafür benötigst Du Ideen, Entscheidungen und Umsetzungswillen. Alles das hast Du. Auch an der Stelle bin ich mir sicher. Der Schlüssel zum Öffnen dieser Ressource liegt gleichwohl bei Dir ganz allein. Er liegt in jedem einzelnen Menschen. Willkommen in der vierten Dimension! Es ist die Dimension, in der Zeit und Raum verschwimmen können und dürfen. Es ist die Dimension, die Dich tief in Deinem Innersten vom Grunde her glücklich oder unglücklich macht. Insoweit kann ich Dich nur dazu auffordern, Dir darüber bewusst zu werden, realistische Umsetzungsideen, vielleicht ja mit Freunden oder der Familie gemeinsam, zu entwickeln und so viel wie möglich davon umzusetzen. Jeder Tag, den Du so gestaltest, wird Dich mittelfristig glücklicher machen.

Wie – und das war ja unsere Ursprungsfrage – wie beseitigen wir damit aber den Ärger, den Du hattest, oder wie konservieren wir Freude länger? Tja, das ist eine gute Frage. Ich denke, wenn Du Dich selbst immer zufriedener machst, wirst Du im Hier und Jetzt sein wollen. Das Hier und Jetzt dient ja nun, oder vielleicht bei Dir schon immer, auch der Verwirklichung Deines Traumes. Er ist es, der Dich zufrieden und glücklich macht. Der Weg dorthin führt aber nun einmal auch über Auseinandersetzungen. Nur wird das gute Gefühl, immer mehr das zu machen, was Du wirklich in Deinem Inneren möchtest oder das Gefühl, dass Du Dich zumindest auf diesem Weg befindest, immer mehr überwiegen. Diese innere Zufriedenheit wirst Du ausstrahlen. Und diese Ausstrahlung wird andere Menschen im Positiven beflügeln und mitreißen, genauso wie Dich selbst. Es ist großartig, das zu spüren. Du wirst sehen, es lässt wirklich dem Ärger nur wenig Raum.

Allein durch die Arbeit, die – und ich weiß, wie viel Du an Dir selbst leisten wirst – dahintersteckt, bis Du glücklich und zufrieden bist, kann ich Dir nicht abnehmen. Aber Du weißt ja: Alles beginnt damit, dass Du Dir über Deinen Traum oder Deine

Träume bewusst wirst bzw. bewusst geworden bist, über diese sprichst und sukzessive versuchst, sie soweit wie möglich umzusetzen. Wenn Dir nun also jemand eine Freude bereitet hat, weißt Du, wie viel diese Person in diesem Moment für Dich investiert hat und Du wirst allein schon vor diesem Hintergrund die Freude länger konservieren können. Sollte Dir trotz Deiner guten Ausstrahlung und Deiner inneren Zufriedenheit einmal Ärgerliches widerfahren, bleiben Dir mehrere Wege, damit umzugehen und den Ärger in Freude zu wandeln. Einige davon:

1. Es ist Dein Leben, in dem Du einen Teil Deiner Träume umsetzt, und das scheint, wie beim Wetter der Regen auf schöne Sonnentage folgt, nun einmal mit dazuzugehören: Schwamm drüber. Dir bereitet das Leben, so wie es ist, Freude.
2. Du denkst Dir einfach: Was für ein armer Wicht, der Dir gerade diesen Ärger zugefügt hat. Der muss ja wirklich mit sich und seinem Leben unzufrieden sein, wenn er Dir diesen Ärger zufügen möchte. Bedauerlich.
3. Das Ärgernis kann ein guter Hinweis für ein nächstes Mal sein, wenn man auf einen solchen Menschen trifft, der Dich oder mich aus der Fassung bringt, mit diesem anders umzugehen und eine solche Situation gar nicht erst entstehen zu lassen. Manchmal ist es möglich, sich einer solchen Situation elegant zu entziehen und die notwendigen Themen auf anderem Wege oder einfach später zu besprechen.
4. Solltest Du selbst der Ursprung des Ärgers sein, bleibt Dir die Möglichkeit, Dich zum einen bei Dir selbst zu entschuldigen und Dir im Anschluss diesen Fehler zu vergeben sowie, wenn irgend möglich, Dich bei dem Menschen, den Du z. B. zur Weißglut gebracht hast, Gleiches zu tun.

Bevor wir uns im Folgenden noch einer letzten Geschichte rund um den Künstler und Bildhauer widmen, möchte ich an Dich appellieren:

Frage wirklich von nun an immer mal wieder Menschen in Deiner Umgebung, egal ob Kolleg/in, Freund/in, Geschäftspartner/in: „Was wärst Du in Deiner Traumwelt. Was würdest

Du machen? Was wären die Hobbys usw.?" Nicht nur, dass die Frage jeden überrascht, sie bringt auch überraschende Antworten hervor. Bitte halte diese aus und hinterfrage gern wertschätzend, wann immer Du wirklich mehr wissen magst. Ich bin mir sicher, es werden sich Dir neue (Gedanken-)Wege eröffnen. Ich finde es auf jeden Fall immer wieder spannend, mich diesem Thema zu stellen.

Was so alles passieren kann

Da stand er nun und fühlte sich unwohl. Heute Morgen war er schon schlecht gelaunt aufgestanden. Gnarzig sei er zuweilen, sagten die Leute, aber eben doch schlussendlich sympathisch, wenn auch eigenbrötlerisch. Eben ein Künstler. Heute Morgen fand er sich selbst unerträglich. Er hatte wirklich richtig schlechte Laune und die Schlaffalten wollten so gar nicht aus seinem Gesicht weichen. Er konnte es aber nicht weiter hinauszögern. Er musste heute für seine Vernissage, die nächste Woche in dem doofen Restaurant mit den schrecklich netten Menschen und dem überflüssigerweise auch noch guten Essen stattfinden sollte, irgendetwas Passendes zum Anziehen kaufen. Seinen tollen Breitkordanzug dürfte er nicht tragen. Das hatte ihm sein guter Ratgeber und Freund doch sehr eindringlich ans Herz gelegt. Nun ja, er musste zugeben, der Anzug war ein wenig ausgebeult und abgewetzt. Es war aber weiterhin sein Lieblingsanzug. Er hatte immer noch die drei, die er so vor 10 bis 15 Jahren gekauft hatte. Sie haben alle hatten die gleiche Farbe und den gleichen Kord. Er hasste es halt, shoppen zu gehen und diese arroganten Schnösel, die Verkäufer, wie man sie nannte, zu ertragen, die wohl nicht einen Bruchteil seines Vermögens ihr Eigen nannten. Er legte nun mal nicht so viel Wert auf sein Äußeres. Und da er schon beim letzten Mal so schnell wie möglich aus diesen Laden rauswollte und so überhaupt keine Lust mehr verspürte, noch einen Anzug auszuprobieren, bestellte er sich einfach von dem Besagten noch zwei weitere und ließ sich diese dann nach Hause schicken.

So und nun stand er wieder vor so einem doofen Herrenausstatter oder wie man so etwas heute nannte, denn der Laden hatte wohl auch was für Frauen. Er fühlte sich sooo unwohl in diesem Einkaufzentrum, wo alle so schön gekleidet schienen und alles so gelackt war. Er wollte nur weg.

Auch wenn es sein Lieblingsanzug war – er fühlte sich heute wirklich schlecht gekleidet in ihm. Nun, es ging nicht anders. Er musste da rein. Das hatte er versprochen. Er setzte also einen Fuß vor den anderen. Die Zeit schien still zu stehen und er schien sich nicht zu bewegen.

Und plötzlich platzte sie, die Blase, in der er sich wohl befunden haben musste. Er merkte, wie sich sein Gesicht verzog, alle Muskeln seines Körpers sich gegen ihn gerichtet zu haben schienen und krampften.

Ein „Hübschchen" stolzierte auf ihn zu. Er hasste solche Frauen, die immer nur auf ihr Äußeres achteten. Angezogen und geschminkt, wie die auf Instagram. Gleich würde sie ihn sicher erst abwertend mustern und dann fragen, ob er sich verlaufen habe, denn er könne sich sicherlich hier nichts leisten. – Er bebte. –

Sie war heute Morgen aufgestanden mit einem festen Willen, etwas an ihrem Leben, nein, in ihrem Leben zu ändern. Sie hatte Respekt vor ihrer Entscheidung. Und nun kam so ein grässlicher, ältlicher Mann in den Laden. Der Anzug, den er trug, war sichtlich aus der Altkleidersammlung und das Hemd erst recht. Sauber zwar, aber man sah sofort den aufgeriebenen Kragen. Normalerweise, also bis gestern, wäre sie abgedreht zu ihren Kollegen und Kolleginnen und hätte sich in ihrem morgendlichen Tratsch nicht stören lassen. Es gab ja wahrlich attraktivere Kunden, die nicht nur besser gekleidet waren, sondern auch Geld hatten. Und nun dieser Mann. Der hatte sich doch sicherlich verlaufen und im Eingang geirrt. Natürlich sagte sie solchen Menschen das normalerweise dann auch gerade ins Gesicht. Half ja allen, wenn Zeit gespart wurde. Auch wenn einige dann wild gestikulierend und schimpfend den Laden verließen. Unter den Mitarbeitern war das dann immer ein großer Spaß, im Anschluss, in der Mittagspause, das Geschehende nachzuahmen und in die Gruppe zu posten. Nun, sie hatte eine Entscheidung getroffen. Sie ging mit freundlichem Gesicht und so offen, wie es möglich war, auf den Mann zu. Um Gottes Willen, und der verzog sein Gesicht immer gruseliger. Dann kamen auch noch diese Schlaffalten dazu, die sie immer gern auch „Knackfalten" nannte. – „Ist nicht wahr", dachte sie sich und fasste all ihren Mut zusammen und trällerte: „Guten Morgen, mein verehrter Herr, was darf ich Ihnen anbieten, eher etwas für die Freizeit, den Abend, etwas Feines oder wollen Sie sich erst einmal umschauen?" „Was zur Hölle", grollte der Mann. „Was zur Hölle soll an diesem Morgen gut sein?" – Toll, dachte der Künstler, als er sich selbst diese Worte grummelig sagen hörte. Ich lebe doch noch. Aber wieso ist die so gut aussehende junge Frau so nett? Die kann dann sicher nichts. Tja und das würde er jetzt testen. All seine Lebensgeister und Sinne waren erwacht und so fuhr er fort, so grummelig es nur ging. „Also – wenn ich in einen Laden wie den Ihrigen stehe, muss ich etwas kaufen und das hasse ich. Und da ich mich mit diesem Zeug nicht auskenne, werde ich doch alleine nichts finden, oder sehe ich so aus?" Er erhob sein Gesicht und hoffte, die junge gut aussehende Frau wäre weggelaufen oder wenigstens dabei, das zu tun. Aber – sie stand noch vor ihm. Und dabei guckte sie auch noch so komisch freundlich und bestimmt. So etwas hatte er doch schon im Restaurant mit dem Kellner erlebt. War aber wie ein Traum. Er dachte sich: Die sind doch alle komisch. Aber wenn dieses Hübschchen das auch so machte wie der Kellner im Restaurant – wie auch immer sein Name war –, wäre das zwar ungewohnt, komisch halt, aber doch ganz interessant zu beobachten. Sollte die Welt sich so stark gedreht haben? Ist das dieses „Diversity", von dem alle sprechen, fragte er sich. Seine Gedanken wurden jedoch wieder unterbrochen. Die junge, gut aussehende Frau bewegte den Mund und – für ihn unfassbar – blieb freundlich. „Nein, mein Herr, Sie sehen nicht so aus. Mein Name ist Lisa und wenn Sie also mögen, starten wir mal."

Oh, mein lieber Gott, dachte er bei sich. Sie ist wirklich noch da und spricht mit mir? Und er sprach es aus. Aber als dieser Satz über seine Lippen ging, ärgerte er sich fürchterlich über sich selbst: „Mein Hübschchen, das wird sich jetzt wohl nicht vermeiden lassen."

Da wusste sie es wieder, warum sie den meisten Kunden so reserviert gegenüber geworden war. Sie hasste es, auf ihr Aussehen so reduziert zu werden. Sie hatte Kunst studiert und während des Studiums als Verkäuferin bei ihrem heutigen Arbeitgeber gejobbt. Überraschenderweise wurde ihr nach dem Studium von der damaligen Filialleitung die Stellvertretung angeboten. Sie konnte gut organisieren, die Verkaufsflächen toll dekorieren und gestalten. Das alles hatte man neben ihrem guten verkäuferischen Gespür sehr geschätzt. Nun war sie schon Leiterin und dieser gruselige Kauz nannte sie „Hübschchen". Sie wurde fast ohnmächtig vor Wut. Wütend über sich selbst, dass sie den Mann nicht gleich hinausgeschickt hatte und noch wütender, sich jetzt von ihm in diese Wut hineinsteigern zu lassen. Aber sie schnaubte dieses Mal nur einmal kurz. Denn sie hatte heute Morgen d i e Entscheidung getroffen. Sie wollte mir, Deinem neuen Buch, folgen und unbekannten wie auch bekannten Menschen unvoreingenommen entgegentreten. Dieser unerzogene, gruselige, schlecht ausgeschlafene und gnarzige Mann war bestimmt nur ein Test. So, und jetzt konnte der mal sehen, was ein „Hübschchen" so drauf hatte, das gerade diese Entscheidung getroffen hatte.

„Gut", zischte sie noch die Luft der Wut heraus, die sich in ihr aufgestaut hatte. „Dann starten wir zwei 'mal", das hörte sich dann schon wieder freundlich an. Ganz angetan von ihrer eigenen, wirklich wieder netten Stimme, gab sie ihrem inneren, verborgenen Gefühl Raum und fragte: „Möchten Sie jetzt erst mal einen Tee, ein Wasser oder einen Kaffee? Denn ich brauche jetzt erst einmal für den Start einen kleinen Kaffee." Der Künstler war perplex. Was hatte sie da gefragt? Er hatte ihre Worte kaum verstanden, war er doch so beschäftigt gewesen mit der Scham, die er wegen seiner unbedachten blöden Antwort empfand. Er fühlte sich irgendwie ohnmächtig. Aber so grässlich er sich auch fühlte, so nett versuchte er, in der ihm eigenen Art angemessene Worte zu finden: „Mein junges Fräulein, wie war noch einmal Ihr Name? Und was haben Sie mir eben noch angeboten? Einen Kaffee? Ich hasse Kaffee, aber wenn Sie auch einen grünen Tee haben, wäre das toll. Aber war das überhaupt Ihre Frage?"

Sie bemerkte, trotz seiner etwas frotzeligen Art, seine Zerstreutheit und fasste weiter all ihren Mut zusammen, um elegant „Mein Name ist Lisa" und „Gern lasse ich Ihnen einen grünen Tee brühen" zu entgegnen.

Die Muskulatur des Künstlers entspannte sich. Er merkte, wie sein Kopf wieder klar wurde. War er nicht in diesem Laden, na, diesem „Herrenausstatter", oder wie auch immer man das nannte, gegangen, um etwas Brauchbares zum Anziehen für die Vernissage zu finden? Mit Blick auf die Aufregung der letzten Minute, für ihn eine gefühlte Stunde, drehte es sich in seinem Kopf.

„Mein Hübschchen, ich bin aber doch hier, um etwas Anständiges für mich zu kaufen und nicht um Tee zu trinken", gnarzte er. Diesmal sah er ihr Gesicht zur Faust werden. Es drehte sich bei ihm immer noch, ob der großen Freundlichkeit dieser Frau, verbunden mit seiner geübten Unfreundlichkeit, in seinem Kopf. „Entschuldigung", fand er nun ein wenig weniger raubeinig die Worte wieder. „Entschuldigung für meine unschicklichen Worte. Ich glaube, ich war ich eben nicht ganz bei mir, Lisa, so heißen Sie doch, nicht? Entschuldigung, ich wollte mich für den Tee bedanken. Und gern", er traute seinen Ohren nicht, was er da Nettes von sich gab, „können wir starten."

Was war das für ein Wechselbad der Gefühle. Eben war sie von den Worten und der Art, die der Mann an sich hatte, noch auf 180 und dann, bevor sie ihm die Tür weisen konnte, entpuppte er sich als Mensch, der sich sogar entschuldigen konnte. Wie lange hatte sie schon kein „Entschuldigung" mehr von ungeschickt agierenden Kunden gehört? Selten kam so etwas vor. Meist wurde man doch eher schlecht behandelt. Sie entschied sich, ihm sein bisheriges Fehlverhalten zu entschuldigen und nun ihren Job zu machen, so wie sie sich das heute Morgen vorgenommen hatte. Vorbehaltlos, offen und mit Freude wollte sie ihren Kunden gegenübertreten. Auch wollte sie ihrer Kreativität wieder mehr Freiheit geben.

Wie es nun weitergeht, ist und bleibt eine wunderschöne Geschichte, die von beiden Protagonisten wirklich schwer erarbeitet wird. Denn versetz Dich mal in die Lage einer der beiden. Könnten die beiden kaum unterschiedlicher sein, finden sie doch eine Sprache und damit zueinander. Also folgen wir ihnen nun auf ihren nächsten Schritten:

„Also", sagt sie, „was oder für welchen Anlass suchen Sie etwas zum Anziehen?" „Ich suche etwas", grummelte der Mann in seinen Bart, „ich suche etwas für meine eigene Vernissage, die ich in der nächsten Woche in so einem Restaurant veranstalte. Sie wird sowohl in deren Garten als auch in den Räumlichkeiten stattfinden. So etwas in Galerien zu veranstalten, finde ich furchtbar. Das macht ja jeder heutzutage. Bisher durfte ich auch immer meinen Lieblingsanzug tragen. – Von diesem hier hab ich ja drei. – Aber nun hat mein spießiger Berater und Freund gesagt, ich muss hier hin. Denn auch wenn ich ein Künstler sei und anerkannt, ginge so ein Anzug nicht mehr. – Was weiß ich, was den geritten hat, mir das anzutun. Ehrlich gesagt, wenn Sie drei, vier solcher Anzüge haben, nehme ich die. Es scheint jedoch, als ich müsse mich wohl auf irgend son neuen Schnickschnack einlassen. Was meinen Sie? Aber, kommen Sie mir nicht mit solchen neumodischen, schlanken Schickimicki-Anzügen, die finde ich grässlich."
   So wirklich konnte Lisa mit dem vom Künstler Vorgebrachten nichts anfangen. Dass er kein echter Anzugträger war, konnte sie auch auf den ersten Blick erkennen und so fragte sie ihn: „Gab es denn jemanden auf Ihrer letzten Vernissage, von dem Sie meinen, dass er etwas trägt, was Ihnen auch stehen könnte?" „Lisa, meine Liebste, glauben Sie wirklich, ich hätte mich jemals dafür interessiert?", ätzte er.

Sie musste also einen anderen Weg finden, um eine Idee davon zu erhalten, was sich zum einem dieser komische Mann vorstellen konnte, künftig zu tragen, und zum anderen, was irgendwie in die heutige Zeit passte. Sie brauchte unbedingt Informationen, was seine Vorlieben waren, vielleicht in anderen Feldern, und das möglichst auf einem Weg, bei dem er nicht immer wieder in diesen abfälligen Ton, sein schreckliches Gehabe und diese gruselige Mimik verfiel. Für einen Perspektivwechsel fehlte ihr einfach die Information. Plötzlich fiel es ihr wie Schuppen von den Augen, sie wusste jetzt was zu tun war. Und zu genau diesem optimalen Zeitpunkt kamen auch ihr Kaffee sowie der Tee für den Künstler. Sie bat ihn, kurz Platz zu nehmen. „Mein Herr, was halten Sie davon, damit ich eine Vorstellung von Ihrem Schönheits- und Kunstempfinden bekomme, wenn Sie mir, während wir uns mit Tee und Kaffee stärken, von dem erzählen, was sie bei der Vernissage ausstellen sowie was Sie sonst noch Künstlerisches oder Kreatives machen? Nicht nur, dass mir dann vielleicht Ideen kommen, was Ihnen stehen könnte, sondern auch, was Sie selbst mögen." Die Augen des Mannes begannen zu glänzen. Das Verschrobene glitt fast gänzlich aus seinem Gesicht. Sie merkte, dass sie sich jetzt Zeit nehmen musste. Es entwickelte sich ein wirklich tolles Gespräch, das Lisa nach 20 Minuten einem Ende zuführen wollte. Nach einer halben Stunde sagte sie sehr zum Missfallen des Künstlers: „Mein Herr, wenn Sie mögen, suche ich jetzt ein paar Sachen für Sie im Laden und bringe Sie Ihnen, denn ich hab jetzt ein paar Ideen." Sie wusste, dass der Mann Sandfarben mochte und das Meer. Da waren zudem seine Arbeiten mit Steinen, wenn er in Ausnahmen auch mal Skulpturen kreierte. So konnte sie sich vorstellen, dass auch Grautöne eine Idee sein könnten. Helle Farben waren überhaupt nicht seins. Also mussten als Ergänzung dunkle Farben das Gesamtbild komplettieren. Es war ihr Ziel, nicht nur für die Vernissage etwas Passendes zu finden, sondern auch etwas, was diesen hochinteressanten, kauzigen Mann dazu bewegen könnte, mit neuen, schönen Textilien, die ihm standen, zu ihm und der heutigen Welt passten, den Laden zu verlassen und seinen abgewetzten Breitkordanzug hier ins Recycling zu geben. Und natürlich sollte sein Erlebnis, sein Aufenthlat in ihrem Geschäft, ihn dazu bringen, von nun an häufiger als alle 10 bis 15 Jahre einkaufen zu gehen, und zwar in ihrer Filiale.

Sie machte sich ans Werk und mahnte sich selbst dabei, für den Künstler eher bequeme denn schicke Sachen aus dem umfänglichen Sortiment auszusuchen, aber doch Schickes ergänzend mit anzubieten. Sie fühlte sich wieder in ihrem Element. Wie zu der Zeit, in der sie als Aushilfe gearbeitet hatte. Jetzt durfte sie nicht nur, sie musste kreativ sein. Früher waren Zeit und Raum egal, da man ja von ihr lediglich verlangt hatte, von Kunden anprobierte Kleidungsstücke wieder zusammenzulegen. Was sie auch tausend Mal tat. Aber dann, wenn dann ein Mann an sie herantrat und alle ihrer Kolleg(inn)en am Arbeiten oder in der Pause waren, konnte sie zeigen, dass sie während ihrer Tätigkeit die Ware und die Kollektionen kennengelernt und einen Blick für gute Styles hatte. Sie erzielte meist wirklich hohe Bons bzw. Einzelabrechnungen mit vielen verkauften Teilen. Dafür wurde sie häufig von den Kolleginnen und Kollegen gefeiert, da die von ihr erzielten Umsätze diesen zugeschrieben wurden, sie half den Filialumsatz in Stoßzeiten zu erhöhen und zudem die Zahl zufriedener Kunden. Nun aber gut mit der alten Zeit. Sand, Meer und sich Wohlfühlen war ihr erstes Thema, dem sie sich für den Künstler widmen wollte. Zielstrebig ging sie zu den besten Baumwollhosen, die sie gerade im Laden hatte und die sich heute Chinos nennen. Sicherlich passte ihm eine 34er-Weite und eine 32er-Länge. Die sollte bequem sitzen. Diese Art der Baumwollhosen hatten einen relativ weichen Stoff, ein bisschen Stretch, den der Mann sicherlich nicht bemerken würde, und waren schön modern mit spießigen Bundfalten. Dunkelblau, dunkelgrau und einen sandfarbenen Ton wählte sie aus. Dazu griff sie zu einem dunkelblauen und einem dunkelgrauen bequemen Freizeit-Jackett sowie zwei einfachen weißen Hemden mit „Umlegmanschette", jeweils mit unterschiedlichen Kragenformen, Haifisch und Kent. Die Umlegmanschetten waren wichtig, da Sie für den Mann passende Manschettenknöpfe im Blick hatte. Ein paar davon trugen einen einfachen Kalksandstein in einer Fassung. Ein anderes Paar einen dunkelblauen Stein. Sie dachte, diese könnten ihm Freude bereiten. Bewaffnet mit diesen und ein paar weiteren schönen Textilien stolzierte sie, so muss es wohl der Mann empfunden haben, auf ihn zu. Und dabei hatte sie sich doch so darauf konzentriert, es genau so nicht aussehen zu lassen. Seine Arme verschränkten sich, über sein Gesicht zog sich ein Grauschleier. Sie bog ab. Und kam allein mit einem kleinen Kästchen wieder. Es beinhaltete die Manschettenknöpfe mit dem Kalksandstein. Vielleicht konnte sie ihm damit doch wieder einen normaleren Gesichtsausdruck entlocken. Und sie konnte. Das Gespräch floss dahin.

Was meinst Du? Unterhielten sich die beiden noch über die ursprünglichen Träume des Künstlers? Ob er schon immer freischaffender Maler und Bildhauer werden wollte? Kam wohl die Gegenfrage von ihm, was Lisa eigentlich mal vorgehabt hatte? Und lud er sie zu seiner Vernissage ein? Bot sie an, einige Bilder und Skulpturen bei sich auszustellen? Wurde es ein Erfolg für beide? Und könnte es so weitergegangen sein, dass sie immer mehr Kunden gewann, mit dieser Art von wechselnder Ausstellung? Lernte sie durch den Künstler weitere Künstler kennen und nicht nur diese, sondern auch Galeristen, die schlussendlich auch ihre Bilder mit ausstellten wollten? Korrekt. Und es bietet sich hier an, weiter zu fragen: Wurde sie vielleicht immer häufiger auch von der eigenen Unternehmensleitung als interne Beraterin eingeladen, um auch anderen Filialen diesen Weg zu ebnen? Was meinst Du? Was kaufte der Künstler alles an dem Tag? Nahm er alle ihre Vorschläge an? Kam er wieder vorbei, wenn Lisa ihn anrief, dass sie tolle neue Teile für ihn vor Ort hätte? Ist es zudem möglich, dass der Künstler heute Auftragsarbeiten annimmt, weil ihm durch das Gespräch bewusst wurde, dass er dadurch seinen Träumen näher kommen könnte?

Hast Du Dich gerade gefragt, gerade eben, was einer Deiner Träume ist, den Du so handelnd verwirklichen könntest, ohne Dein bisheriges Leben aufzugeben bzw. in Frage zu stellen?

Tja, und hast Du gerade darüber nachgedacht, Deinen Liebsten, Deine Liebste oder Deine beste Freundin oder Deinen besten Freund an Deinen Ideen gedanklich teilhaben zu lassen und nach seinen bzw. ihren Träumen zu fragen? Auf welche Reaktionen bist Du am meisten gespannt?

Hast Du Lust, noch einmal den Anfang dieses Buches zu lesen? Mach es einfach. Ich wäre stolz auf Dich und hab Dich lieb, genau so, wie Du bist. Und wenn Du Lust hast, drück mich doch einfach noch einmal ganz fest an Deine Brust.

Ich hab Dich lieb und wünsche Dir nun weiterhin viel Spaß an und in Deinem Leben, in dem Du Dein eigener Autor bist und Deine eigene Lebensgeschichte schreibst. Jeden Tag ein bisschen mehr.

Dein Buch

Der Autor

Markus Prante, Jahrgang 1971, kam im Sternzeichen Schütze zur Welt, einem Feuerzeichen. Diese Tatsache macht er für seine Leidenschaft mitverantwortlich, am Lagerfeuer Gitarre zu spielen und Geschichten zu erzählen.

Als Zwölfjähriger begann er, die ersten Griffe auf der Gitarre zu lernen. Bald war er Mitglied einer Big Band und einer Funk-Rock-Gruppe. Obwohl es gut lief, widmete er sich mit 21 Jahren einer zweiten Leidenschaft, der Wirtschaft. Er machte eine Bankkaufmannlehre, studierte und betreut seitdem mittelgroße und große Unternehmen.

Im Laufe der Zeit lernte er innerhalb und außerhalb der Bank viele Menschen kennen. Bis heute liebt er es, die Verhaltensweisen und Charakterzüge seiner Gegenüber zu analysieren, auch zusammen mit seiner Frau, Verwandten oder Freunden. Natürlich wahrt er dabei das Inkognito seiner Kunden.

Inspiriert von einem Coach, hat er seine Erfahrungen und Schlussfolgerungen in seinem ersten Buch aufgeschrieben.

novum VERLAG FÜR NEUAUTOREN

Der Verlag

„ *Wer aufhört besser zu werden, hat aufgehört gut zu sein!*

Basierend auf diesem Motto ist es dem novum Verlag ein Anliegen neue Manuskripte aufzuspüren, zu veröffentlichen und deren Autoren langfristig zu fördern. Mittlerweile gilt der 1997 gegründete und mehrfach prämierte Verlag als Spezialist für Neuautoren in Deutschland, Österreich und der Schweiz.

Für jedes neue Manuskript wird innerhalb weniger Wochen eine kostenfreie, unverbindliche Lektorats-Prüfung erstellt.

Weitere Informationen zum Verlag und seinen Büchern finden Sie im Internet unter:

www.novumverlag.com